Du même auteur

Les plus belles caresses d'amour, 2014.
L'homme (nouveau) expliqué aux femmes, 2012.
L'art de bien faire l'amour, 2010.
Comment le faire jouir de plaisir et vice versa, 2010.
L'art de la fellation, l'art du cunnilingus, 2010.
La caresse de Vénus, 2009.
Comment la rendre folle (de vous), 2008.
Comment le rendre fou (de vous), 2007.

Ce livre est la réédition du titre *Le guide des couples heureux*, paru en 2010 aux éditions Leduc.s.

Maquette : Facompo

17, rue du Regard
75006 Paris – France
ISBN : 978-2-84899-717-9

Dr GÉRARD LELEU

AMOUR TOUJOURS !

Un supplément inédit offert ! Rendez-vous p. 224 !

QUOTIDIEN MALIN
ÉDITIONS

Sommaire

Introduction

Au fond des êtres, même chez ceux qui se disent « émancipés » persiste un rêve : tomber amoureux(se) d'une femme, d'un homme et vivre heureux(se) avec lui(elle) toute la vie. Ce rêve d'absolu et d'éternité est-il réalisable ?

Las, à cet idéal de la « vraie » vie, la vie quotidienne va opposer de multiples obstacles. Aux forces de cohésion vont s'attaquer des forces d'éclatement. Alors le couple qui était la source de nos plus grands bonheurs pourra devenir la cause de notre malheur.

Pour que l'amour triomphe toujours, je vais vous confier ce qu'une longue carrière de médecin psychothérapeute et une longue vie m'ont appris. Avant tout je voudrais vous faire deux remarques essentielles :

1. Réussir sa vie de couple est la chose la plus importante de l'existence. Combien n'ai-je entendu de personnes qui au soir de leur carrière me confiaient : « j'ai réussi dans mon métier, j'ai eu des honneurs, j'ai de l'argent, mais mon couple je l'ai négligé, je suis passé à côté de quelque chose d'essentiel : ma femme, mon mari, l'amour. »
2. La vie à deux c'est aussi la chose la plus difficile à réaliser. Loin d'être un perpétuel duo d'opérette, elle comporte des zones de turbulences. Pour les traverser il y aura des efforts à faire et des connaissances à acquérir.

Dans ce livre, je m'adresse à tous ceux qui vivent ou envisagent de vivre l'aventure du couple : les mariés civilement ou religieusement, les pacsés ou les concubins. Sachez qu'après un début euphorique, vous aurez à affronter des moments difficiles voire critiques. Fatalement votre amour sera confronté aux jeux de forces contraires : des forces de cohésion qui œuvrent à le souder et des forces d'éclatement qui tendent à le scinder.

Pourquoi avez-vous décidé de vivre ensemble ? Parce que, dites-vous, un jour vous êtes tombé amoureux, ça vous a rendu heureux et vous avez voulu prolonger votre bonheur. En deux mots, vous avez fait un « mariage d'amour ».

Sachez que le mariage d'amour n'existe que depuis le XIXe siècle ; avant, on se mariait – quand on se mariait – par intérêt. Intérêt basique qui remonte à la Préhistoire : la base c'est la division du travail qu'a imposée la biologie pour perpétuer l'espèce, la femme fait et élève les enfants, l'homme rapporte la pitance, ce qui incite les êtres à s'associer en couple. Intérêt financier : arrondir sa fortune, agrandir ses biens, étendre ses relations. Ces mariés-là étaient plutôt des alliés. D'ailleurs c'était les parents qui organisaient les « mariages de raison ». Il arrivait que les époux s'aiment ou finissent par s'entendre et être heureux. De toute façon les contraintes civiles et religieuses étaient telles qu'on ne pouvait mettre un terme à l'union.

Vous croyez que l'amour constitue la meilleure garantie d'un mariage heureux et durable ? Hélas, maintenant que l'on ne s'unit plus que par sentiments et que les procédures de séparation sont facilitées, la fréquence des divorces croît sans cesse. Actuellement, en région parisienne, deux couples sur trois divorcent dans les trois ans qui suivent le mariage ; en province, un couple sur trois. Ces ruptures ne se font pas sans souffrances et laissent des cicatrices préjudiciables à la suite de la vie sentimentale. Souvent, la décision de se quitter a été prise trop rapidement sans avoir suffisamment tenté de sauver le couple à partir du capital d'amour qui restait, des affinités et des complémentarités qui existaient. Mais il aurait fallu faire des efforts pour se changer quelque peu et notre société consumériste est plus habituée à jeter qu'à réparer.

Ainsi donc, pour faire un couple, il ne suffirait pas d'aimer ? Hélas non, les sentiments comme le désir s'usent. Bien sûr l'amour intense voire exalté des débuts est une base indispensable pour fonder le couple, mais il faudra ensuite le transformer en un amour plus profond et le doubler d'une vraie relation comme nous le verrons, pour résister aux pièges de l'ego et aux vicissitudes de la vie quotidienne, ce qui demandera de la réflexion et quelques efforts. Ce n'est pas très romantique, dites-vous ? Mais vous verrez comme c'est exaltant de faire triompher l'amour !

Première partie

Ainsi va l'amour

Connaître le déroulement de l'amour permet d'être plus conscient de ses joies et, peut-être, d'être prémuni contre ses difficultés.

1

Tomber amoureux

« Tomber amoureux », l'expression ne semble pas juste car « tomber » évoque un mouvement vers le bas, une chute aboutissant à une situation fâcheuse – blessure, maladie, péché, mort –, alors que devenir amoureux c'est, comme nous le verrons, s'élancer, prendre son envol et accéder à un état supérieur de vie et de bonheur.

En vérité l'expression fait référence à la soudaineté de l'événement et à son imprévisibilité. Sans doute aussi évoque-t-elle la flèche de Cupidon quand elle nous frappe et nous abat. Sans doute enfin annonce-t-elle, réaliste voire cynique, les risques, hélas, inhérents à l'amour : être pris comme dans un piège, être épris, être possédé, être drogué, n'être plus soi-même, comme le suggèrent d'autres locutions : être fou d'amour, « s'enticher », « s'assoter », se « toquer ».

Pourquoi êtes-vous tombé amoureux ?

Si je vous demandais pourquoi vous êtes tombé amoureux de votre compagne – compagnon –, la plupart d'entre vous évoqueraient ses traits physiques, c'est-à-dire ses attraits (son visage, ses yeux, peut-être ses formes, sans doute son élégance), des traits de son caractère (sa tendresse, son humour, son dynamisme, etc.), et sans doute aussi des affinités (des goûts communs, des pensées semblables, des rêves identiques).

Quelques-uns d'entre vous oseraient dire : « Parce que j'avais envie d'elle, de lui. » Il est vrai que le désir est partie prenante du « tomber amoureux », c'est son degré de participation qui est variable. Selon les êtres, cela peut varier de 100 % (les passions sexuelles) à 1 % (les amours platoniques). Cependant, la participation sexuelle ne peut inférer de la durée du couple, les passions sexuelles pouvant n'être que des flambées ou se transformer en grand amour durable ; inversement les amours intellectuelles peuvent se tarir assez vite ou se prolonger en s'érotisant. Longtemps a prédominé le courant du « tout-sexuel » qui, à l'instar de Freud, prétendait que l'amour n'est que la forme que prend la pulsion chez l'humain. Toutefois Jung, déjà, avait souligné le côté divin de la sexualité. Mais il a fallu attendre Erich Fromm pour qu'un penseur ose démarquer l'amour du désir ; pour lui l'amour est une réalité en soi, une réalité qui transcende les êtres ; mieux : c'est au contraire le désir qui procède de l'amour.

Toujours en réponse à ma question, certains déclareraient : « Parce que c'était elle, parce que c'était lui », paraphrasant ce que Montaigne avait dit de son amitié avec La Boétie, ce qui revient à évoquer l'œuvre du « Destin », que d'autres n'hésiteraient pas à désigner carrément : « C'était écrit, diraient-ils, nous étions prédestinés l'un à l'autre. » Il est vrai que dans certaines rencontres, on a une impression de retrouvailles : « On s'est reconnus » disent les amants.

D'où le concept d'« âmes sœurs » : il y a sur cette terre un être qui nous correspond tout à fait, voire nous ressemble totalement, c'est pourquoi nous le reconnaissons. Pour ceux qui croient à la réincarnation, les amants, dans ce cas, se seraient connus dans une vie antérieure. En ce qui me concerne je suis persuadé que dans les grandes amours, ce sont les âmes qui avant tout se rencontrent.

Toutefois, tout en croyant que l'amour recèle une part de mystère et de transcendance, je sais aussi que l'amourachement relève de causes bien réelles et analysables, à savoir l'impact des odeurs et les interventions de notre inconscient tels le phénomène d'« empreinte » et les manipulations de notre psychisme.

Le rôle des odeurs

Les odeurs corporelles jouent un grand rôle dans l'attirance entre les êtres, je suis même persuadé qu'elles déterminent à elles seules beaucoup de « tomber en amour », voire de coups de foudre. En effet, elles contiennent des « phéromones », des molécules volatiles qui, issues de certaines zones du corps (le creux axillaire, les régions périsexuelles et les sexes, entre autres), vont stimuler les capteurs des narines, d'où partent alors des influx nerveux qui vont exciter certains centres du cerveau : le centre des émotions (le rhinencéphale) – et en particulier, dans ce centre, le site de notre mémoire olfactive (l'amygdale limbique) – et le centre de la pulsion sexuelle.

En stimulant le centre de la sexualité, les influx engendrent le désir, c'est pourquoi on dit que les phéromones sont « les messagers du désir » ; en stimulant le centre de la mémoire des émotions olfactives, les influx déclenchent la réémergence des états paradisiaques que provoquaient chez l'enfant les phéromones de la mère. En ce temps-là nous vivions collés au corps maternel – ses seins, ses creux axillaires, son pubis etc. Ici les phéromones jouent le rôle de « messagers » du bonheur.

Toute molécule odoriférante peut, au moment de la rencontre, engendrer une attirance pour peu qu'elle ait été associée dans le passé à des moments heureux vécus avec une personne chère : odeurs naturelles (aliments, boissons, maison, jardin, campagne, etc.) et parfums. Aussitôt le souvenir du bien-être crée un nouveau bien-être qui nous pousse vers l'émetteur d'arômes.

L'effet des odeurs peut être tout à fait inconscient et toutefois nous atteindre en profondeur, y déterminant à notre insu un attrait pour une personne. Il peut aussi être conscient mais vague : c'est une bouffée de bonheur que nous ressentons sans raison apparente. Il peut être enfin parfaitement conscient et précis : sous l'effet d'une fragrance, une personne particulière en un lieu identifié vous revient soudain. Par exemple, une odeur de tilleul en fleurs nous envahit et nous voilà tout à coup heureux en même temps que remonte le visage de cette grande fille dont nous avions pris la main un soir de juin quand nous étions ado. Et nous voilà aussi étrangement attiré par cette femme que nous croisons sur cette place de village saturée d'arômes de tilleul.

D'une façon générale, les odeurs jouent un rôle éminent dans les relations interpersonnelles, participant à nos attirances et à nos répulsions, voire les provoquant. Cela avait commencé chez le bébé dont l'attachement à la mère était déterminé en partie par les fragrances maternelles. Ça continue toute la vie : nous aimons ou détestons en fonction des émanations des personnes.

Le phénomène d'empreinte

L'amour est aveugle mais pas pour notre inconscient ; lui, il sait choisir ce qu'il lui faut et, à partir de ses choix, il crée une puissante attraction entre les êtres, pour le meilleur et parfois pour le pire.

Le phénomène de l'« empreinte » fut découvert par le fameux éthologue Konrad Lorenz : selon lui, une personne que vous avez connue à une période « sensible » de votre vie – le plus souvent l'enfance – vous a marqué d'une empreinte. Il s'agit généralement du parent du sexe opposé – la mère, le père – mais également une tante, un oncle, un(e) voisin(e) proche de la famille, etc.

Plus tard, quand vous rencontrez un être qui ressemble à « l'imprégneur(se) » par un ou plusieurs traits – physiques et psychiques – celui-ci retiendra votre attention et excitera votre intérêt, sans que vous ayez forcément conscience de la ressemblance.

C'est comme si vous aviez en vous un moule en creux qui attend que vous y mettiez la personne qui s'y ajusterait au mieux. En d'autres termes un amoureux, une amoureuse.

Les manipulations de notre psychisme

Dans les profondeurs de notre psychisme sont tapies des forces toujours prêtes à surgir dans notre conscient et à nous manipuler. Tout se passe comme si notre inconscient recelait une multitude de personnages apparemment endormis, mais que d'un œil. Ils guettent ce qui se passe et ceux qui passent et repèrent les passant(e)s susceptibles de les intéresser. Il y en a qui peuvent jouer un rôle nocif dans votre destin. Apprenez à les reconnaître afin de tenter de les neutraliser, car eux vous connaissent par cœur et ne vous rateront pas.

Il y a :

- *Le mendiant :* « Mes parents ne m'ont pas aimé, je ne m'aime pas, je cherche quelqu'un qui aurait des trésors d'amour à me donner. »
- *Le blessé :* « Mes parents ont préféré ma sœur, mon frère, ils m'ont frustré en leur faveur, ils m'ont accusé injustement, et m'ont même frappé, je cherche un(e) thérapeute – une infirmière, un médecin. »
- *L'abandonnique :* « Mon père, ma mère m'ont négligé, voire m'ont laissé pour compte. Je cherche une femme, un homme, qui pourrait m'adopter. »
- *Le dévalorisé :* « Ma mère, mon père me disaient que j'étais nul(le), je cherche quelqu'un qui me dise que je suis quelqu'un de formidable, bref qui me guérisse de mon complexe d'infériorité. »
- *Le narcisse :* « Je cherche quelqu'un qui me ressemble – un miroir – pour me conforter dans ma propre valeur et donc me rassurer, car j'aime en l'autre ce que je suis. »
- *L'Œdipe :* « Je cherche quelqu'un qui ressemble à mon premier objet de désir (ma mère, mon père). » Ce mécanisme est différent de l'« empreinte » car ce qui agit ici

ce sont les désirs refoulés et non l'effet attractif d'un « moule ».

Parfois les personnages attendent des passant(e)s complémentaires, en parfaite symétrie. Ce sont :

- *Le dépressif* : « Je n'aime pas la vie, je cherche quelqu'un de tonique qui me la fasse aimer. »
- *Le sauveur* : « Je suis d'un naturel dévoué, je cherche une personne paumée pour la sortir de ses errements et la rendre heureuse, ce qui donnera un sens à ma vie et m'apportera, ainsi qu'à l'autre, une bonne image de moi. Moyennant quoi je pourrai la posséder. »
- *Le culpabilisé* : « Je suis sûr d'avoir fait quelque chose de mal, je cherche un(e) partenaire maléfique pour me châtier. »
- *Le maso* : « J'aime souffrir, je cherche quelqu'un qui prendra plaisir à me maltraiter – un sadique. »

On pourrait citer des personnages de tonalité plus franchement névrotique : l'hystérique féminine qui attend un homme puissant et rassurant, en un mot paternant ; le paranoïde qui cherche un partenaire narcissisant ; le phobique un audacieux ; l'exhibitionniste un voyeur ; etc.

J'arrêterai là la description de notre galerie de portraits intérieurs. On le voit, nos profondeurs sont faites de manques et donc d'attentes qui agissent à notre insu, et nous poussent à chercher quelqu'un qui pourra nous combler ou nous compléter, et de toute façon nous guérir.

Ces choix névrotiques qui nous concernent tous peuvent engendrer des couples harmonieux et durables aussi bien que des couples chaotiques et éphémères.

Les vraies raisons qui vous ont fait tomber amoureux et décider de vivre à deux

Ma première question – pourquoi êtes-vous tombé amoureux et voulez-vous vivre avec elle, avec lui ? – était trop vague et donc vos réponses trop floues. La bonne question que jamais on ne se pose, que jamais on ne nous pose est : qu'attendez-vous de la vie à deux ?

Si vous répondez : pour partager les ressources, les repas et les nuits, pour partager les tâches et les loisirs, pour partager Brahms et Balzac, vous restez encore en surface, car vos véritables attentes sont que l'autre comble les manques de votre enfance, vous materne, panse vos blessures d'antan, vous donne l'estime de vous, vous fasse vous aimer, vous fasse aimer la vie, vous admire, vous fasse exister, c'est-à-dire dans le vocabulaire habituel, vous « aime ».

Hélas, l'autre ne pourra rien vous donner de tout cela, en tout cas pas *suffisamment* et *durablement*, et quand, las de tenter en vain de le faire, il est prêt à vous quitter, vous n'avez qu'une chose à faire pour le retenir : comprendre qu'il n'est là que pour mener vos attentes à leur point le plus douloureux afin que vous les identifiiez et que vous décidiez de vous en occuper vous-même.

C'est à cela que sert le couple, et c'est à partir de là que la vie à deux peut déboucher sur un vrai bonheur.

2

L'état amoureux

L'état amoureux est tellement heureux et exaltant qu'on le considère comme relevant de l'extraordinaire et qu'on l'attribue, dans la plupart des civilisations, aux dieux : on le dit de source divine, cadeau du ciel, d'essence sacrée, on le dit même phénomène cosmique. Pour en parler on ne peut qu'emprunter le langage des poètes, voire des mystiques. Parfois pour y accéder il faut passer par la magie d'un philtre d'amour.

Qu'est-ce que l'état amoureux ?

C'est un état de grâce fait d'un état de conscience supérieur où l'on ressent un bonheur absolu qui confine à l'euphorie ; ainsi qu'un sentiment d'amour océanique qui nous fait aimer non seulement l'autre mais tous les gens et l'univers tout entier. L'autre, on veut le rendre heureux comme soi-même ; l'autre, on n'en voit que la beauté, le bon côté, on est d'une indulgence telle que ses défauts nous sont aimables. C'est donc un sentiment qui ouvre à l'autre, aux autres, au monde.

Cet état de conscience supérieur est aussi caractérisé par un accroissement de l'énergie vitale – la vivance – et par une exacerbation de la sensibilité affective et de la sensibilité sensorielle (les roses n'ont jamais autant embaumé et les merles si bien chanté), et enfin, par une amplification de la créativité, de l'intuition et de l'intelligence.

Autrement dit, notre conscience est plus aiguë, plus large, plus élevée. Nous sommes plus près de notre essence et de celle de l'autre. Nous devenons magnanimes, nous rêvons d'éternité, nous nous élançons hors du monde. Cela se sent en nous comme un ensoleillement, cela se voit de l'extérieur comme une illumination : notre visage rayonne, nos yeux brillent.

L'état amoureux nous met donc dans un état de conscience supérieur comme le font la méditation, la contemplation mystique, la transe de la danse, le ravissement esthétique par la beauté ou la musique.

Notre part de lumière

Jung distinguait chez l'Humain une *part de lumière* où est le meilleur – notre aspiration à nous ouvrir, à nous dépasser, à nous élever – et une *part d'ombre* où gît le plus mauvais – notre égoïsme, notre possessivité, notre agressivité, nos peurs, etc. Ce que fait le « tomber amoureux », c'est révéler notre belle part, celle qui nous illumine et rayonne, celle qui nous rend aimant, généreux, celle qui nous rénove. C'est aussi nous permettre de voir la part lumineuse de l'autre. Ainsi l'état amoureux naît de la rencontre des parts de lumière de chacun.

Ce qu'énonce avec sa ferveur poétique Jacqueline Kelen : « L'énamoration a peut-être pour seul sens de révéler le céleste en soi. Loin d'être un aveuglement, cette illumination permet de saisir le lumineux de l'autre, le divin en l'autre, ce à quoi ne parviendraient pas des années de pratique spirituelle. C'est la révélation de l'amour à sa source. » (*Propositions d'amour*, Anne Carrière Éditions)

En Orient, on sait depuis toujours que l'amour est d'origine divine. C'est vrai pour le tantrisme, le bouddhisme ou l'hindouisme. Pour les hindouistes, par exemple, l'Atman, c'est-à-dire le dieu, est en chaque femme, en chaque homme. L'amour est l'émanation du dieu en soi. Quand on aime

Lætitia ou Jonathan, c'est l'Atman qu'on aime en elle, en lui, et c'est l'Atman qui nous fait aimer l'autre.

Ce qui fait le bonheur de l'état amoureux

Ce qui fait le bonheur de l'état amoureux c'est qu'il comble nos attentes, même si c'est provisoire. Mais d'autres éléments contribuent à notre félicité.

- *La rencontre amoureuse, c'est le paradis retrouvé.* Le paradis nous l'avions connu au cours de notre vie intra-utérine. Être au contact de douces parois, flotter dans un liquide chaud, être balancé dans ce liquide par les mouvements de la mère, entendre des bruits feutrés – la voix de maman – ou rythmés – les battements de son cœur –, être dans l'ombre, vivre en sécurité, c'est un bonheur océanique. Et bébé, en croissant, en est de plus en plus conscient, car sa conscience s'affirme. Mais un jour une catastrophe survient, il est expulsé de son paradis et livré à l'enfer : contact dur, froid, lumières violentes, bruits assourdissants, déplacements rapides, insécurité, angoisse renforcée par une sensation nouvelle : la faim. Alors c'est le miracle : la mère met bébé contre son sein et là il retrouve le paradis perdu : la douceur des contacts, la chaleur, le bercement, la voix aimée, les battements rassurants et la fin de cette atroce faim. Sécurisé, rassasié, bébé est à nouveau béat. Il faut dire que l'amour de la mère est absolu, sa tendresse inouïe, son corps à corps merveilleux, tous les sens de bébé sont comblés : le toucher, le regard, les odeurs, la voix de la mère l'enveloppant totalement. Hélas, un jour c'est le sevrage et l'enfant une fois encore est mis à la porte du paradis. Alors commence une longue, une interminable attente au cours de laquelle la nostalgie nous taraude, la solitude nous délite. Et un jour, un jour béni, un jour doré, l'amour nous arrive et nous offre une fois encore le paradis : des mots d'amour, des regards tendres, la proximité des corps et leurs cortèges de bonheur : douceur et chaleur des contacts, balancements et bercements, voix suave, battements d'un cœur, sollicitude de l'autre, sécurité. Ô merci, Dieu d'amour, j'irai allumer des cierges par centaines et me prosterner à la porte de tes nefs.

- *La rencontre, c'est aussi la fin de la « séparation » et de l'insoutenable solitude de l'être.* La vie de l'humain va de séparation en séparation : séparé du ventre de sa mère, séparé des bras de sa mère, séparé de son premier amour et d'autres encore, il va le flanc ouvert de toutes ces ruptures. Aussi quand une femme, un homme vient à se placer sur cette plaie, il se sent à nouveau en plénitude.
- *La rencontre confirme notre existence, constitue une reconnaissance et met un terme à l'angoissant doute de soi.* Nous sommes reconnus, confortés dans ce que nous sommes car choisis, élus. Nous nous réconcilions avec nous-mêmes.
- *La rencontre met un terme à l'obligation de refouler les assauts de la pulsion sexuelle et des pulsions partielles,* par ailleurs très coûteuse en énergie. Maintenant on peut investir ces pulsions dans une relation érotique où elles s'épanouissent totalement et légitimement, d'où un regain d'énergie.
- *Enfin il faut savoir que l'état amoureux provoque une augmentation considérable et continue de la sécrétion des neurohormones du plaisir,* en particulier des endorphines, de la dopamine et de l'ocytocine. Les premières ont des vertus étonnantes : elles sont euphorisantes, antianxiété, antistress et antidouleur. Les dernières sont appelées hormones de l'attachement, c'est tout dire.

Au total

Au total, l'état amoureux est une véritable transformation métaphysique de l'être. On a même parlé d'effet rédempteur. En tout cas c'est une maturation : on a envie de s'accomplir et pour cela de devenir adulte afin d'affronter tous les obstacles, et on découvre qu'on le peut.

Hélas, cet état peut être éphémère et réversible, parce que notre part d'ombre arrive à nous rattraper – à savoir notre ego, notre égoïsme, nos blessures et compagnie.

Pour que persiste l'état amoureux, il faudrait que l'élan demeure au contact de la source d'amour et du côté de notre part de lumière. Autrement dit qu'on ne se laisse pas engloutir par l'ombre et qu'on fasse triompher la lumière. C'est possible comme nous allons le voir.

3

De l'état amoureux à la fusion 1 + 1 = 1

L'état amoureux de l'un rencontre l'état amoureux de l'autre, les aimants se fondent l'un dans l'autre : c'est la fusion. « Toi et moi on ne fait plus qu'un ! » 1 + 1 = 1. Arithmétique magique. On fait tout ensemble, on pense et on sent les mêmes choses, on s'efforce d'être le plus possible l'un près de l'autre, l'un tout contre l'autre. Séparés, on pense sans cesse à l'autre et à le rejoindre. On vit l'un pour l'autre, à travers l'autre. Il n'y a plus de « je », il n'y a que « nous ».

Les racines mythiques de la fusion

J'aurais pu titrer les « racines du ciel ». En effet les Grecs avaient donné une explication céleste à ce besoin de fusion : c'est le mythe de l'Androgyne qui a le mérite de souligner la puissance irrésistible du besoin. À l'origine, l'être premier était un : femme et homme à la fois, il portait les caractères de chaque sexe. Cela le rendait si puissant et si heureux que les dieux jaloux demandèrent à Zeus, le boss, de le scinder en deux. Depuis lors, les deux moitiés séparées – la femme et l'homme – n'ont de cesse de reformer l'unité perdue. Voilà pourquoi vous êtes amoureux et ne pensez qu'à faire un avec votre aimé, et à lui faire l'amour.

Les racines biologiques

La fusion est sans doute une propriété du vivant comme le prouve le nombre d'espèces animales qui vivent à deux, inséparables, comme les oiseaux du même nom. C'est parce que les vivants sont sexués, c'est-à-dire séparés (*sexus* = séparation, *seccare* = couper) : chacun des gamètes mâles et femelles est porté par des êtres différents, qui sont bien obligés de se rapprocher et même de se fondre un moment pour unir leurs cellules reproductrices et en faire un œuf. La force de rapprochement et d'union est la pulsion sexuelle ; cependant cette force ne détermine que des contacts limités : éclair chez le coq, un peu plus long chez le singe, à peine plus long chez l'humain de base. Comment ce dernier est-il passé du besoin d'union au besoin de fusion ? En inventant le couple.

Les racines préhistoriques

Le couple humain s'est inventé dans la nuit des temps. On ne peut en préciser l'époque mais on peut décrire la succession des événements. Comme vous le savez, ce qui a caractérisé l'évolution des hominidés c'est l'augmentation de volume de leur cerveau qui passa de 370 cm3 chez les australopithèques comme Lucie – notre arrière-arrière-grand-mère – à 1 500 cm3 chez nous, *Homo sapiens sapiens*.

Mais arrivé à 700 cm3 de volume cérébral, le crâne correspondant est trop gros pour passer par le bassin de la mère. Qu'à cela ne tienne, bébé naîtra avant que le cerveau n'atteigne ce volume, il naîtra avant terme, et donc immature : son centre de la vision n'est pas fonctionnel, celui de l'équilibre et de l'orientation, celui de la locomotion, celui de la régulation thermique non plus. Bref, c'est un gros têtard qui est expulsé sur le sol, condamné à mort si sa mère ne le prenait en charge et ne lui donnait à l'extérieur ce qu'elle lui donnait à l'intérieur (protection, chaleur, nourriture, etc.), ce qui la contraint à rester près de bébé, au gîte. Par elle, l'espèce sera sauvée.

La femme allaite l'enfant, mais, elle-même, comment va-t-elle se procurer de la nourriture ? Elle peut bien faire quelques cueillettes alentour mais pas attraper du gibier ; or les hominidés viennent de changer d'alimentation : de végétariens exclusifs ils sont devenus carnivores (sans doute pour fournir des protéines au cerveau en croissance). Qui va lui apporter de la viande ? L'homme, le chasseur ! Mais quel homme ? Le mari ? Il n'existe pas. Le père de l'enfant ? Il n'existe pas non plus : l'enfant est de père inconnu. En effet, l'amour est libre – dans la bande chacun peut prendre la femelle qu'il veut à condition de laisser au mâle dominant la femelle qui entre en rut – et en outre l'homme ne connaît pas encore le rôle de son sperme comme semence, il ne peut donc faire de lien entre lui et l'enfant.

Heureusement, parallèlement, une autre évolution s'est produite qui va rapprocher la femme et l'homme. Les hominidés se sont dressés sur leurs pattes arrière et ça change tout : la vulve qui, chez les quadrupèdes, était visible et offerte de l'arrière s'est escamotée entre les cuisses et devient accessible par l'avant. Aussi, désormais, on peut faire l'amour par-devant, ce qu'encourage la nature qui transfère les signaux sexuels sur la face antérieure : les seins, morphologiquement, sont la réplique des fesses, les lèvres buccales de couleur rouge, celles des lèvres vulvaires rubicondes.

Copuler face à face, ça change tout aussi : faire l'amour par-derrière est assez impersonnel – rien ne ressemble plus à une paire de fesses qu'une autre paire de fesses –, faire l'amour de face est tout à fait personnel. Voir le visage de l'autre, ses traits, ses regards, ses diverses expressions, révèle sa personnalité, ses particularités, et celles-ci s'impriment d'autant mieux dans la conscience que la jouissance ressentie majore la réceptivité. Alors les êtres apparaissent tous différents et le choix que l'on fait de l'un d'entre eux est plus profond. Ce choix c'est la naissance de l'amour et du couple. Car choisir ce n'est pas seulement choisir celui ou celle avec qui on préfère faire l'amour, mais aussi celle à qui, en ce qui concerne les mâles, on va offrir le gibier. Ainsi, aimer c'est aussi élire celle à qui on va donner des protéines.

Une autre évolution va servir l'invention de l'amour : la libido qui jusque-là se déchaînait par périodes – le rut – devient active en permanence. Les femmes et les hommes ont toujours envie de faire l'amour. Le désir devient le propre de l'humain.

Une dernière évolution survient : l'homme prend conscience que sa semence participe à la conception du bébé ; la notion de paternité se fait jour. Alors l'homme va s'intéresser à son tour à l'enfant. Il vient et revient au gîte non plus seulement pour la femme, mais pour le petit aussi, et la viande, c'est aussi pour lui.

Le couple est né. Du couple à la fusion il n'y a qu'un pas, comme nous allons le voir.

Les racines maternelles

C'est au cours de notre préhistoire personnelle, la vie intra-utérine et l'enfance, que nous avons pris goût à la fusion. Ces époques furent si heureuses que nous rêvons de façon quasi obsessionnelle de revivre de tels bonheurs.

La première fusion, la plus étroite, nous l'avons vécue dans le ventre de notre mère, et je ne me lasse pas de la décrire comme vous-même vous n'arrêtez pas de la soupirer sans le savoir. Cette femme nous offrait sa tropicale mer intérieure, ses sites moelleux, ses vagues balançantes liées à sa respiration et à ses déplacements, le lointain mugissement de sa voix, le ressac régulier de son cœur. Un éden que cette vie-là. Notre conscience de plus en plus développée a été profondément imprégnée par ce bonheur et en gardera un souvenir indélébile.

La seconde fusion c'est dans les bras maternels que nous l'avons connue, d'autant plus appréciée qu'à l'issue de notre paradis intra-utérin nous avions été jeté dans un monde terrestre effrayant : aveuglant, dur, froid, assourdissant, pesant, étouffant, autant de supplices auxquels s'était ajoutée la faim. C'est une femme, la même, notre mère qui nous a arraché à cet enfer et rendu le paradis perdu. Entre ses bras et ses seins, elle a recréé une mer semblable à l'autre : même douceur, même chaleur, même impression de flottement, mêmes bercements, même voix en plus fort, mêmes battements de cœur mais plus lointains et, en plus, le lait dans notre bouche, le lait de son téton. Ô bonheur suprême, ô téton d'amour, ô femme inoubliable. Ce paradis retrouvé va durer quelques années, fait de seins (ou de biberons), de soins de toilette, de bercements, de chatouillis, de jeux divers, de corps à corps fabuleux, de fragrances enivrantes, de voix d'une infinie tendresse, de mots suaves, de mots fervents, de regards émerveillés, de sourires lumineux. Amour absolu de la mère, béatitude du petit dont chaque cellule, chaque fibre a mis en mémoire ce bonheur. C'est pourquoi l'être, sa vie durant, n'aura de cesse de retrouver dans d'autres bras – de femmes, d'hommes – une voix, des mots, des regards, des sourires semblables, bref un amour divin.

Vers 3 ans vient le sevrage et la seconde séparation, moins brutale que l'expulsion du ventre, plus progressive mais inexorable. On met encore trois ou quatre ans pour quitter vraiment le corps maternel. À 7 ans, âge de la résolution de l'attachement œdipien, on renonce définitivement à la mère. Mais si le cordon ombilical est coupé, la mémoire, elle, demeure intacte. Alors commence la quête d'un autre amour absolu.

Un jour, un jour ensoleillé, un jour de scintillements et de clapotis comme lorsque le soleil se penche sur la mer, ELLE ou IL apparaît. On tombe amoureux réciproquement, on se dévore des yeux, on se brûle des doigts, on se serre si fort, on se compénètre si intensément… Ô miracle, ô divine surprise, ô généreuse vie ! C'en est fini de la séparation, de la solitude. C'est la communion océanique. Seule la poétique ou la mystique peuvent en rendre compte.

La chimie de la fusion

Comment, me dites-vous, vous parliez poésie et vous voilà, réducteur, à expliquer la fusion par l'effet de quelques molécules chimiques ! Non je ne réduis pas un état fabuleux aux jeux de quelques substances mais, médecin, il me faut les prendre en considération. Toutefois je n'accorde aux neuromédiateurs et aux neurohormones qu'un rôle de tremplin pour notre jaillissement ou d'échelle pour accéder au ciel. Le ciel reste un mystère et un rêve.

On a constaté que le taux des endomorphines s'accroît dans les états d'euphorie et de volupté comme l'est l'état amoureux. Cela crée une dépendance : quand l'amoureux est à proximité de sa belle, son bonheur et son plaisir sont au maximum, tout comme son taux d'endomorphines. S'il se sépare d'elle, bonheur et plaisir se réduisent et un état de manque se fait sentir, qui correspond à une baisse du taux de la neurohormone, et qui le pousse à retourner à proximité de sa chérie pour retrouver l'exaltation et un bon taux d'endomorphines. Le même phénomène se déroule chez l'amoureuse. L'état amoureux a créé une dépendance à l'autre et cette dépendance crée la fusion qui est bien le moyen d'être le plus proche de son aimé(e).

J'ai cité les endomorphines, mais les autres neurohormones du plaisir jouent le même rôle : la dopamine et l'ocytocine, cette dernière étant appelée « l'hormone de l'attachement » comme vous le savez.

4

Sous les fleurs, des pièges

L'état amoureux c'est la rencontre multiplicatrice des parts de lumière de l'un et de l'autre. Pour que l'amour demeure il faudrait que les aimants restent dans ce jaillissement de lumière.

Hélas !

Hélas ! Pauvres humains que nous sommes, notre part d'ombre un jour, un jour maudit, nous rattrape ; elle n'était que repoussée par la lumière triomphante, mais non anéantie. La voilà qui cherche à nous envahir à nouveau. Notre ego, notre égoïsme, notre orgueil, notre possessivité, notre jalousie, nos peurs, nos blessures d'enfance et celles qui ont suivi remontent de nos profondeurs infernales comme autant de nuées noires, hideuses et douloureuses obscurcissant notre âme et la pourrissant.

Bientôt, ce qui était notre illumination ne sera plus qu'illusion et le rire sardonique du Mal saluera les ultimes scintillements de notre amour. Car après une très longue carrière semée d'épreuves, j'affirme : 1) que le mal existe – appelez-le « refoulé », « névroses », « instinct de mort » si vous voulez ; 2) que toute existence est un combat incessant entre le meilleur et le pire en nous.

Alors amants, soyez vigilants, soyez prêts à lutter contre le dragon en vous. Et priez, priez avec une extrême ferveur le dieu de l'amour de rester à vos côtés, et de vous aider à retenir la lumière qui est aussi l'instinct de vie.

La face sombre de la fusion

La fusion, on a cru que c'était le meilleur de l'état amoureux, mais elle peut aussi engendrer le pire. Chacun en renonçant à son « je » pour se fondre dans le « nous » a perdu son identité, chacun s'est oublié, chacun n'existe plus que par le « nous », « nous » qui est personne : 1 + 1 = 0, ou, plus grave, « nous » qui est un seul : 1 + 1 = 1, mais ce 1 est l'autre, rien que l'autre. En effet bien souvent, c'est la personnalité la plus forte qui prend le pouvoir et, sous le couvert de « nous », impose ses goûts, ses pensées, ses émotions, ses décisions, ses actions.

Mais le plus fort est souvent le plus dur, le plus égoïste, le plus agressif, le plus dominant. L'autre, dont la personnalité est plus fragile, plus douce, plus tendre, s'efface, s'en remet au premier, s'aliène, régresse, n'existe plus. Le premier s'approprie le second qu'il considère comme sa propriété exclusive : redoutable possessivité. Le second entre en dépendance, il n'existe que par le premier : que celui-ci soit présent et tout va bien pour le second, qu'il soit absent et le second ne vit plus, ne mange plus, ne dort plus, ne fait plus rien ; fatale addiction. L'amour ne pourra pas survivre dans une telle relation.

Le désir non plus, la fusion lui est fatale aussi : pour que circule la sève du désir entre les partenaires, il faut que chacun soit distinct et également fort.

Le piège de l'idéalisation

L'état amoureux nous donne une très haute opinion de notre aimé(e). « Tu es le (la) plus beau (belle), intelligent(e), fort(e), doué(e), merveilleux(se), etc. » Autant de superlatifs qu'utilisent les amoureux pour exprimer leur amour-admiration.

Il faut dire que dans l'état de grâce des débuts, comme nous l'avons vu, notre propre part de lumière rehaussée nous permet de voir la part de lumière de l'autre, son meilleur côté qui du reste existe vraiment. C'est l'aspect « illumination » de la rencontre, aspect très positif.

Mais il existe un aspect « illusion » qui, lui, aura des incidences négatives : nous exagérons les qualités de notre amoureux(se) en vertu d'un phénomène psychologique : « l'idéalisation », que Stendhal avait appelée « cristallisation », et Freud « survalorisation ». On voit l'autre tel qu'on voudrait qu'un amoureux soit par un jeu de projection et de clivage : on projette sur l'autre notre idéal de moi – le meilleur de nous que nous n'avons pas pu encore réaliser – et on en fait l'amoureux idéal, quitte à le parer de qualités qu'il n'a pas. Et on clive, autrement dit on scotomise, ses mauvais aspects afin de le voir sans défauts.

L'autre a vite saisi ce qu'on attend de lui, alors il se montre tel que le premier souhaite qu'il soit, en s'affublant de qualités qu'on lui voudrait et en escamotant des défauts qu'on ne saurait lui pardonner.

Ce phénomène d'idéalisation de notre aimé(e) nous offre à nous-mêmes bien des avantages. Tout d'abord il nous flatte : il faut que nous soyons vraiment quelqu'un d'extraordinaire pour être aimé par une personne aussi bien. Ensuite il nous évite les tourments et les déceptions que nous causerait la réalité de l'autre, fait de travers aussi.

Notons que le processus de « projection » qu'on a vu en œuvre dans l'idéalisation intervient de bien des manières dans la relation amoureuse, la viciant gravement. C'est ainsi que l'on projette aussi nos besoins et nos attentes sur l'autre, au point de les lui prêter. Alors on a tout faux : c'est l'inverse qu'exige une relation amoureuse constructive, à savoir chercher à connaître ce que veut et attend l'autre.

Le piège de la clonisation

« On est pareil ! » C'est le constat enjoué des amoureux qui se découvrent. L'autre étant semblable à nous, on va bien s'entendre ; car on pense qu'être différent entraînerait des désaccords. Et le fait qu'il existe un semblable à nous, nous rassure : nous avons bien raison d'être comme on est. En plus il y a le dicton et le mythe. Le dicton : « qui se ressemble s'assemble » ; le mythe, c'est celui des « âmes sœurs » qui prétend qu'il y a quelque part sur cette Terre un être qui est fait comme nous – un jumeau/jumelle, un clone dirait-on maintenant –, qui nous est prédestiné et avec qui le bonheur serait complet.

Voilà pourquoi les amoureux vont s'efforcer d'être le plus semblables possible : chacun va copier les attitudes et le langage de l'autre, adopter ses goûts, ses idées, ses pôles d'intérêt. Inversement, chacun va tenter de gommer les différences qui le distinguent de l'autre, quitte à renoncer à sa propre personnalité. C'est la clonisation.

En vérité, s'il est bon que les aimants possèdent des ressemblances et de semblables affinités, on considère qu'il est bon que les similitudes ne dépassent pas 70 % de la personnalité. Être trop semblable – comme dans la clonisation – va conduire à l'affadissement de la relation et à l'étiolement de l'amour.

5

La crise

Un jour, un, deux, trois, sept ou quinze ans après, la part d'ombre a trop gagné sur la part de lumière ; elle s'étire sur les visages radieux, assombrit les cœurs, obscurcit les âmes. Au revoir souveraine joie, la crise est là. D'abord simples petites nuées qui vont et viennent, provoquant des crises itératives, puis immense voile sépia engendrant une crise majeure.

Premières explications

Ces crises ne s'expliquent pas seulement par la remontée de la part d'ombre. S'y ajoute le travail de sape du temps et du quotidien. Vivre ensemble au quotidien sur un temps long constitue une épreuve de réalité à laquelle ne résistent pas les projections et les illusions qui avaient fondé les débuts de la relation amoureuse, l'épreuve arrachant les masques et dissipant les fantasmes. S'ajoute aussi, le temps passant, la diminution de l'exaltation première, sorte de dégrisement que les biologistes mettent sur le compte d'une baisse de la sécrétion de nos neurohormones et de nos neuromédiateurs en raison de moindres stimulations : endomorphines et ocytocine, entre autres, entament un decrescendo.

Résultat : chacun des aimants reprend sa vraie personnalité et se montre sous son vrai jour. Et chacun voit l'autre tel qu'il est.

La faute à la fusion

Il arrive que l'un des deux aimants se sente entravé et étouffé dans la relation fusionnelle. Alors il essaie de se reprendre un peu, de ne plus tout faire, tout sentir, tout penser avec l'autre. Il veut repasser du « nous » au « je », redevenir une entité. En un mot, il veut défusionner, non pas qu'il n'aime plus l'autre et veuille s'en séparer, non pas qu'il n'aime plus la fusion mais il ne veut plus la fusion absolue et permanente. Il veut simplement respirer, exister.

Il s'ensuit chez l'autre aimant une peur, voire une panique. Jusqu'où va-t-il (elle) s'éloigner ? Va-t-il (elle) m'abandonner ? S'ensuit aussi un cortège d'émotions extrêmement pénibles : souffrances bien sûr, d'autant plus grandes qu'une blessure abandonnique gît au fond de son être ; frustrations affectives et sexuelles dans la mesure où il reçoit moins de preuves d'amour et moins de caresses ; doute de lui (d'elle) et remise en cause de sa propre valeur : en quoi ai-je déçu ? Suis-je disqualifié(e) ?

Alors les oppositions croissent, les conflits éclatent et se multiplient.

La faute à l'idéalisation

L'idéalisation aboutit à mettre face à face non pas les personnes telles qu'elles sont mais des personnages factices, productions de projections et de clivage. C'est un jeu de miroirs menteurs où chacun porte un masque et s'affuble de fantasmes. C'est donc une relation artificielle, et plus ou moins fausse qui ne peut résister au temps : la vérité des êtres percera peu à peu ou éclatera soudain un mauvais jour. « Ainsi toi que j'aime tu n'es pas le héros ou la perle que je croyais. Tu n'as pas vraiment les qualités que je te prêtais. Pire, tu as même de sacrés défauts ! » se dit intérieurement le partenaire, ou même déclare-t-il expressément. Il (elle) est plus que déçu(e) : il (elle) est désorienté(e) voire perdu(e), « Qui es-tu en vérité ? Pourra-t-on encore s'aimer ? » s'inquiète-t-il (elle), et la souffrance survient et les conflits se succèdent.

La faute à la clonisation

La similitude qui pourtant nous enthousiasmait va au contraire lentement épuiser l'amour, tarir la relation. Si l'autre est semblable, et donc vite trop connu, connu « par cœur », l'attirance qu'on éprouve pour lui, l'envie d'échanger avec lui, le désir lui-même s'amenuisant jusqu'à disparaître, l'ennui s'installe.

En effet, ce sont les différences qui créent l'attrait, les dissymétries qui entretiennent l'intérêt, les décalages de niveau qui font circuler le flux de l'amour et du désir, l'inconnu et ses mystères qui nourrissent la curiosité.

Inversement, il arrive qu'on s'aperçoive qu'on s'était trompé en croyant l'autre semblable et que, en réalité, il est très différent de soi. Cela aussi va ouvrir une crise dans le couple : « Ainsi tu n'es pas pareil, et même sur beaucoup de points tu es à l'opposé. Qu'est ce qu'on va devenir ? » De cette constatation naissent aussi des interrogations, des incertitudes, des peurs. « Qui es-tu vraiment ? Pourrons-nous nous entendre ? » Douleurs et conflits s'enchaînent.

6

Dépasser la crise – L'amour véritable

Quand la crise survient, s'amplifie, culmine, trois solutions s'offrent aux amoureux : se séparer, rester ensemble sans rien changer, évoluer ensemble vers un couple meilleur.

Se séparer

C'est la solution qu'on adopte le plus souvent de nos jours car le consumérisme ambiant nous a habitués à jeter toute chose après usage et tout appareil quelque peu détraqué. Ainsi mettons-nous fin à une relation pour peu qu'elle se complique ou s'use, et prend-on aussitôt un(e) autre partenaire, d'autant plus facilement qu'aucune loi civile ou religieuse ne s'impose plus et qu'aucun serment d'amour ou autre engagement ne constitue encore un garant d'éternité.

Bien sûr il y a des cas où il est préférable de se quitter mais souvent on le fait trop vite sans chercher vraiment à sauver la relation. Or, beaucoup de couples pourraient, après réflexion et résolutions, devenir excellents.

Rester ensemble sans rien changer

Certains partenaires restent ensemble sans faire une analyse valable de ce qui ne marche pas et sans prendre de décisions de changer quoi que ce soit entre eux et en eux. Ils continuent de mal s'entendre et de s'ennuyer. Ils iront de renoncements en reniements, et laisseront mourir l'amour et le désir, se résolvant à devenir une « concession à perpétuité ».

On ne bâtit pas un couple avec de la bonne foi et de la bonne volonté, mais avec des connaissances psychologiques et des efforts.

Évoluer ensemble vers un couple meilleur

Les partenaires décident de faire le point sur leur relation, d'analyser ce qui les déçoit ou les irrite, d'approcher l'autre autrement et de changer leurs propres attitudes. Il leur faudra alors transformer radicalement les fondements mêmes de l'état amoureux :

- Accepter la défusion
- Accepter la désidéalisation
- Accepter la déclonisation

La défusion

Il s'agit d'accepter que le partenaire sorte du « nous » pour redevenir lui-même, une entité distincte qui ne vivra plus uniquement pour le « nous », mais aussi et d'abord pour lui-même afin de s'accomplir. Il s'agit aussi pour soi-même de décider d'exister à nouveau à part entière. Autrement dit, chacun devra retrouver une certaine autonomie.

L'évolution n'est pas toujours facile car une véritable dépendance lie les aimants l'un à l'autre. Pourtant, en sortir est la condition *sine qua non* de l'épanouissement des individus et du couple.

La désidéalisation

Il faut aussi accepter que l'aimé(e) ne soit pas l'être idéal qu'on avait fantasmé, le fruit de nos mythes et de nos besoins, et renoncer soi-même à se montrer sous un aspect idéal. Nous prenons conscience qu'entre les personnages fictifs que nous étions, la relation ne pouvait qu'être fausse, alors qu'entre une femme et un homme vrais, l'amour sera véritable. Que chacun enlève son masque et laisse voir sa vraie nature, y compris ses défauts. Que chacun accueille l'autre dans sa vérité y compris avec ses déficiences et même l'y incite. En un mot que chacun soit authentique. Il faut pour cela beaucoup de courage et d'humilité.

Alors l'amoureux(se) pourra dire : « Je t'aime toi, tel(e) que tu es, avec ta part d'ombre. Je t'aime sans plus te mettre dans mes rêves », et d'ajouter : « C'est aujourd'hui que je te choisis vraiment. »

La déclonisation

Il faut enfin accepter de n'être plus semblable, ce qui veut dire accepter les différences de l'autre, et assumer ses propres différences. Ainsi, chacun se réapproprie sa véritable identité. Or c'est bien l'altérité qui nourrit l'amour, stimule l'intérêt et le désir de l'autre, engendre les échanges.

Pour admettre les différences de l'autre et affirmer les siennes, il faut dépasser une certaine croyance qui prétend qu'on ne peut s'aimer profondément si on ne partage pas en permanence les mêmes pensées, les mêmes émotions, les mêmes besoins.

Il faut aussi être prévenu que les différences peuvent entraîner des divergences et donc des risques de désaccords et de conflits. Il faut aussi dépasser une autre croyance qui prétend que lorsqu'on aime, on est toujours d'accord. Nous verrons comment une bonne communication gère les désaccords en aboutissant soit à un ajustement, soit à un constat de divergence, ce qui n'est pas la fin du monde.

Pourra-t-on s'aimer toujours ?

Vous voilà débarrassé(e) des pièges et des illusions de l'état amoureux. Vous croyez être désormais et pour toujours dans le véritable amour, vous êtes, c'est exact, dans un amour plus vrai, plus profond, plus fort. Mais cet amour n'en est pas pour autant « pénard » et immortel : il aura à subir les assauts perfides et incessants de votre increvable part d'ombre et les manigances de la part d'ombre de votre partenaire, ombres qui sont de véritables hydres toujours renaissantes.

Le véritable amour commence quand on accepte le crapaud derrière le Prince.

C'est dire que le couple que vous formez ne pourra pas s'appuyer seulement sur l'intensité de l'amour qui vous relie pour vous maintenir dans le bonheur et la durée. Pour résister aux forces de destruction, il faudra y ajouter d'autres éléments que je vais vous confier. Oui, l'amour ne suffit pas, ceux qui le reconnaissent vivent une union heureuse, ceux qui s'entêtent à l'ignorer vont d'échec en échec.

Les clefs du bonheur

Elles vous permettront de passer de la rencontre au couple harmonieux et durable, de l'état amoureux à l'amour au long cours. C'est à force d'écouter des centaines d'amoureux heureux ou déçus, voire désespérés, d'analyser mes propres paradis ou mes propres enfers que j'ai forgé ces clefs. Mais les utiliser ne se fait pas sans efforts, à répéter autant qu'il le faudra. De toute façon jamais le couple ne pourra n'être qu'un simple duo d'opérette. En revanche, soyez assuré que la peine que vous prendrez à progresser vous ouvrira à des joies renouvelées.

Il vous faut viser deux buts :

1. **Vous changer vous-même.** Puisque votre couple ne marche pas bien, vous convenez qu'il faut changer quelque chose. Mais comme tout le monde, vous voulez que ce soit votre partenaire qui se transforme ou, pire, vous voulez le (la) transformer. Mais on ne peut changer personne par notre volonté. En revanche, la personne pourra – plus ou moins difficilement – se changer elle-même si, par amour et par raison, elle

le décide. Occupez-vous plutôt de vous transformer vous-même, car dans ce qui ne marche pas, vous avez votre part de responsabilité.

Tant que vous n'aurez pas compris qu'il vous faut travailler sur vous, votre couple pataugera et finira par couler. Vous aurez beau changer de partenaire, vous reconduirez le même scénario et les mêmes échecs. À quoi sert de changer de lecteur DVD si on met toujours le même film. Vous changer sera le thème de la deuxième partie.

L'effort de dépassement de soi est quotidien. L'investissement dans le couple ne peut être que total.
Mais alors, quel bonheur ! Profond, total.

2. **Changer la relation entre vous et votre partenaire.** Ce sera le thème de la troisième partie.

La plus formidable aventure qu'il vous est donné de vivre, c'est bien de construire une vie à deux.

Deuxième partie

Se transformer soi-même

La rencontre avec l'autre, quand elle est si intime et si continue comme c'est le cas dans le couple, va forcément révéler un jour ou l'autre la fameuse « part d'ombre » de chacun. Des souffrances surgiront, souffrances que chacun ressent au fond de lui, souffrances que l'un et l'autre s'infligent. Des conflits éclateront qui ajouteront aux souffrances.

7

Mettez de la lumière dans l'ombre

Qu'y a-t-il derrière l'ombre ?

Il est temps de dénoncer ce qu'il y a derrière ce terme « la part d'ombre » et de désigner les acteurs qui y trament nos malheurs. Ils ont pour nom : ego, blessure d'enfance, manque d'amour de soi, besoin insatiable d'être aimé, possessivité, jalousie, orgueil, égoïsme, peurs. C'est un véritable théâtre d'ombres qui apparaît lorsque se déchire le voile doré de nos apparences.

Non contente de démasquer nos difficultés psychiques, la rencontre peut remettre en cause fondamentalement nos croyances, nos illusions, nos comportements, nos réactions. Ce que nous croyions normal, vrai, bon, juste parce qu'on nous l'avait dit ou parce que nos expériences nous l'avaient appris, se révèle, au contact de l'autre, pas si vrai, pas si juste que cela. La rencontre nous fait douter de nos certitudes, voire du sens de notre vie.

Le couple n'est pas fait pour nous rendre heureux mais pour générer des crises qui vont nous faire grandir, des crises de croissance.

Alors nous pouvons être désorienté et même davantage : désespéré. « Toi, mon amour, que j'avais pris(e) pour me panser, me rassurer, combler mes manques, voilà que c'est toi qui me blesses, m'inquiètes, aggraves mes manques ! »

C'est ici qu'il vous faut fournir l'effort annoncé et accepter de regarder votre ombre en face, d'être remis en cause, et alors de décider de vous transformer.

Le couple est fait pour nous déranger plus que nous arranger.

À vous d'éclairer l'ombre

Vouloir évoluer et se transformer est un désir et une démarche propres à l'humain. Depuis qu'il est apparu, *Homo sapiens sapiens* rêve de passer de l'état de barbare à celui de civilisé. Hélas l'Histoire de l'humanité nous montre que le barbare survit toujours en nous et que toutes les tentatives collectives de civilisation (les religions, les sociétés, etc.) ne changent pas radicalement notre nature. En revanche, j'observe que les êtres qui font un travail personnel évoluent plus sûrement. Or, l'essentiel de ce travail consiste en une conscientisation.

Si elle – s'il – vous dérange c'est que vous êtes bien devant la personne qui est faite pour vous et qui joue son rôle à merveille : elle vous révèle vos ombres et vous empêche de vous envaser dans le médiocre.

La conscientisation consiste à passer de l'inconscient au conscient, c'est-à-dire d'une existence où l'on est manipulé par notre inconscient – où se tapit notre part d'ombre – à une existence où l'on a conscience de ce qui nous manipule, ce qui nous permet d'agir avec plus de lucidité et de liberté, en nous soustrayant aux forces obscures. C'est en connaissant nos blessures, nos peurs, notre mésestime de nous-mêmes que nous échapperons à leur emprise et progresserons. C'est le fameux « connais-toi toi-même » de Socrate.

Le couple comme chemin de conscience

Le couple se révèle être le meilleur moyen de conscientisation, c'est-à-dire de se connaître soi-même et, au-delà, de connaître l'autre et d'apprendre sur l'amour et, au-delà encore, d'apprendre sur le sens de notre vie, son but.

Ainsi conçu, le couple se révèle être aussi le moyen le plus puissant de se transformer. C'est pourquoi je vous prie instamment, si vous voulez réussir votre vie à deux, de considérer le couple comme *un chemin initiatique*. Cette idée est le noyau central de ce livre.

Dès lors, au lieu de vous lamenter sur les difficultés rencontrées dans la vie de couple et de vous laisser lacérer par chaque épreuve, vous en comprendrez le mécanisme et les dépasserez. Vous vous sentirez grandir et devenir plus serein. Car ce qui est douloureux, c'est ce qu'on subit passivement, ce qui n'a pas de sens.

C'est à chacun de faire le travail et de progresser. Toutefois notre compagnon peut nous y aider par ses encouragements et son amour. Jacques Salomé a justement comparé le couple à un « laboratoire d'évolution » ou à une « pépinière ». Quant à Scott Peck, il a donné une définition de l'amour qui va dans ce sens : « Aimer, c'est aider l'autre dans sa recherche spirituelle. »

Si je suis dérangé par quelque chose de l'autre, ce n'est pas la faute de l'autre, c'est qu'en moi quelque chose réagit en se dérangeant. À moi de l'identifier, de le travailler.

8

Sortez du besoin insatiable d'être aimé – Aimez-vous

Avoir besoin d'amour, vouloir être aimé est dans la nature des humains. Chez les uns ce besoin est réduit, chez d'autres il est immense. Le besoin excessif, insatiable et fusionnel d'être aimé empêche d'aimer vraiment et d'accéder au bonheur à deux.

La plupart des êtres, me semble-t-il, quand ils disent « je t'aime », demandent en réalité « aime-moi », si bien que ce qui paraît une déclaration est le plus souvent une supplique. Cette confusion brouille la relation.

Inapte à aimer

Celui qui est dans un besoin insatiable d'être aimé est inapte à aimer. Il est égocentrique : il ne pense qu'à recevoir, non à donner, il attend, voire il réclame, c'est un mendiant. Son besoin est permanent et jamais satisfait, sa sébile est percée. C'est aussi un inquiet : il a peur de perdre l'amour et veut sans cesse être rassuré par des preuves d'amour. C'est encore un soupçonneux : sûr de perdre l'amour un jour, il épie les signes de désamour, interprétant les mots et les gestes. C'est enfin un manipulateur qui rêve de rendre l'autre dépendant comme il l'est lui-même.

Mais, sans doute le plus grave, c'est que son amour est conditionnel : il aime si l'autre l'aime aussi, se comporte comme il le veut, lui fait plaisir sinon il ne l'aime plus, il le déteste même.

Pour le partenaire un tel être, par ses exigences, ses récriminations, ses suspicions, ses interprétations et les conflits que tout cela génère, est étouffant et épuisant.

Aimer c'est donner

Ce besoin excessif d'être aimé relève de l'ego, lequel n'aspire qu'à prendre chez l'autre. Aimer c'est au contraire donner et donner inconditionnellement : je t'aime, sans rien attendre en retour, j'en suis heureux, car le bonheur se trouve dans le fait de donner l'amour. Aimer c'est donc dépasser son ego.

Je place la barre trop haute ? Je parle d'Amour Absolu ? Mais 1) il faut être ambitieux quand on est Homo sapiens sapiens, 2) c'est la seule voie qui permet d'accéder à un vrai bonheur. Nous sommes « condamnés » à la grandeur.

Du reste, pour aimer mieux, nous pouvons nous appuyer sur le pendant du besoin d'être aimé : le besoin d'aimer également présent en nous. Tout se passe comme si nous naissions avec un cadeau entre les mains et que nous brûlions de l'offrir, à savoir une certaine quantité d'amour. L'état amoureux c'est la rencontre du besoin d'amour et du besoin d'aimer.

Se débarrasser du besoin excessif d'être aimé

Ce besoin vient d'un manque d'amour pour soi : comme on ne s'aime pas on cherche à se faire aimer par les autres. On n'aime pas la personne que l'on est, on ne se reconnaît pas de qualités, on n'aime pas son corps – son

Autant nous aimer nous-même : nous sommes la seule personne avec qui on est sûr de passer sa vie.

visage, ses « formes », etc. – on ne s'apprécie pas, on ne voit que ses défauts, on se déprécie, on fait des « complexes » (d'infériorité, de culpabilité, etc.) et on peut arriver à se détester.

Pourquoi ne s'aime-t-on pas ? Parce qu'on n'a pas été suffisamment aimé et valorisé dans notre enfance par nos parents et les adultes responsables de nous (membres de la famille, enseignants, etc.) ou, pire, on a été détesté et dévalorisé. La fille à qui sa mère a dit qu'elle n'était « pas belle », le garçon à qui son père a déclaré qu'il était « nul » porteront sur leur front, la vie durant, l'étiquette infamante et ne cesseront de tendre la main pour recevoir des compliments et des mots d'amour. Peut-être même exerceront-ils des métiers où l'on reçoit des marques d'intérêt voire d'affection : comédiens, écrivains, soignants…

Plus on s'aime, moins on a besoin d'être aimé.

Apprendre à s'aimer, à s'estimer

À force de réfléchir et de vous introspecter, vous finissez par vous connaître. Pour vous estimer, il faut aller plus loin : sur une feuille blanche, écrivez la liste de ce que vous aimez en vous et de ce que les autres aiment en vous. Ce sont vos points forts sur lesquels vous pouvez vous appuyer et que vous pourrez développer.

Sur une autre feuille inscrivez ce que vous n'aimez pas en vous et ce que les autres n'aiment pas. Le plus souvent c'est ce que les autres n'aiment pas que vous-même n'aimez pas parce que, à force, vous avez adopté leur point de vue. D'abord vous n'êtes pas obligé de croire ce que pensent les gens car ils se trompent fréquemment sur nous. Mais si vous pensez que votre jugement sur vous-même comme celui des autres est fondé, alors acceptez courageusement cet aspect négatif. De savoir le regarder en face permet

- d'être authentique et donc de nouer des relations vraies ;
- de contrôler et de corriger ce négatif.

S'aimer, c'est aussi connaître ses besoins et les satisfaire. Mais nous, Occidentaux imbus de civilisation chrétienne, avons souvent des scrupules à nous faire plaisir de peur d'être égoïstes, nous aurions même tendance à nous oublier voire à nous sacrifier, ce qui relève plutôt d'une tendance masochiste que du précepte qui prescrit d'aimer son prochain comme soi-même.

Si vraiment vous n'arrivez pas à vous réconcilier avec vous-même, rendez visite à un psychothérapeute.

Plus je m'aime, plus je pourrai choisir le meilleur partenaire.

De l'amour de soi à l'amour de l'autre

Voilà que vous avez trouvé l'amour de vous en vous-même. Vous êtes bien avec vous, bien dans votre tête, bien dans votre corps. L'amour de l'autre pour vous n'est plus la condition *sine qua non* pour vous aimer, la façon de remplir le vide d'amour en vous parce qu'il n'y a plus de vide. Vous êtes vous-même la source d'amour.

Si on ne s'aime pas, on va attirer quelqu'un qui ne s'aime pas.

Débarrassé du besoin d'être aimé, réconcilié avec vous-même, ayant trouvé l'amour à l'intérieur de vous, vous pouvez donner l'amour. Vous aimant vous-même vous pouvez enfin aimer vraiment les autres.

9

Pansez vos blessures d'enfance

Les blessures d'enfance sont des atteintes à notre intégrité psychique provoquée par des traumatismes de nature psychologique ou physique. Elles peuvent être uniques ou répétées.

Les traumatismes

Physiques, les traumatismes peuvent être des coups violents ou des sévices, mais aussi une « simple » gifle qui sera d'autant plus marquante qu'elle est injuste. Du reste, une agression corporelle est toujours également un trauma psychique : si on nous frappe, c'est qu'on ne nous aime pas assez ou que nous ne sommes pas assez aimables.

Psychiques, les traumas peuvent êtres gravissimes. Le pire : un parent voire les deux nous abandonnent réellement. Moins terrible, mais grave : un affront cinglant en public, une injustice flagrante. Moins grave mais mal vécu : un « abandon » d'un soir ; ce soir-là maman fatiguée abrège les câlins et laisse bébé seul dans sa chambre pour aller rejoindre papa, ou bien maman va au spectacle et laisse bébé aux mains d'une baby-sitter inconnue.

Les traumas psychiques les plus fréquents sont l'abandon, la dévalorisation, l'injustice, la préférence pour un autre enfant sans oublier les agressions sexuelles qui vont du simple attouchement au viol.

À l'origine des traumas : tout adulte responsable de l'enfant, parent, nourrice, enseignant, moniteur, etc. Même les bons parents peuvent être cause de blessures par erreur, par fatigue, par énervement. Il faut dire aussi que la nature de certains enfants majore parfois des traumas mineurs : tyrans d'amour, ils n'en ont jamais assez et donc peuvent se sentir frustrés ou mal aimés sans fondement.

Pièges à retardement

Le trauma semble oublié, en réalité il loge dans l'inconscient et cela pour l'éternité. Aussi reste-t-il potentiellement efficace à tout moment : le temps n'existe pas pour l'inconscient. C'est dire que le trauma va déterminer nos comportements et nos souffrances tout au long de notre vie. Si une circonstance analogue à celle qui avait provoqué le trauma primitif se produit, elle va réactualiser l'événement ancien, rouvrir la blessure et réveiller la douleur.

C'est pourquoi, bien qu'enfouies, les blessures d'enfance sont les pires pièges pour les couples : la vie à deux, en effet offre nombre de situations pénibles qui peuvent être assimilées à l'événement traumatisant d'autrefois – impression d'abandon, affront, frustration, jalousie, etc. L'amoureux(se) ressent alors une profonde douleur, d'une intensité disproportionnée par rapport à l'événement présent ; ou une peur qui frise la panique : c'est que la blessure d'antan en se rouvrant majore le ressenti d'aujourd'hui.

Il peut s'ensuivre des réactions intempestives et un enchaînement malheureux : accusations injustes, conflits hors de propos, violences verbales ou physiques.

Pansez vos blessures d'enfance

Les douleurs qui apparaissent alors sont celles de l'enfant blessé qui se réveille au fond de nous, souffre et geint. Occupons-nous de cet enfant, parlons-lui, rassurons-le, expliquons-lui qu'autrefois ses parents n'avaient pu faire autrement, qu'ils étaient eux-mêmes des enfants blessés, qu'il faut faire la paix avec eux et que désormais c'est nous qui, adulte devenu, serons ses parents – la mère ou le père –, parents qui toujours le comprendront, jamais ne l'abandonneront. Et chaque fois que cet enfant pleurera, nous devrons lui parler. À force, il deviendra un enfant heureux. L'enfant heureux en nous c'est notre richesse, notre fraîcheur, notre créativité.

En tout cas il ne faut pas demander à notre partenaire de devenir notre thérapeute et de s'occuper de nos blessures d'enfance. L'autre, je l'ai dit, nous accompagne et nous aide de son amour mais n'a pas à faire notre travail. N'encombrons pas l'amour de charges indues. L'amour est fait pour danser, pas pour panser.

Si vos blessures d'enfance se révèlent trop handicapantes et en arrivent à saboter votre couple, n'hésitez pas à recourir à un thérapeute.

10

Déprogrammez vos comportements infantiles

De l'enfance, nous avons hérité des habitudes, des attitudes et des besoins qui sont profondément inscrits – engrammés – en nous. C'est pourquoi, par exemple, nous avons tendance à prendre notre partenaire pour le substitut d'un parent, et à assimiler des situations actuelles à des situations du passé, donc à avoir des réactions remontant à l'enfance, périmées et inadaptées.

Ces programmes qui ne sont plus de mise à l'âge adulte faussent la relation dans le couple. Dites-vous une bonne fois que votre femme n'est pas votre mère, que votre mari n'est pas votre père et que vous-même n'êtes plus un enfant !

Programmé pour recevoir un maximum d'amour

Dans la majorité des cas nous avons été si fort et si bien aimé, nous avons reçu tellement de manifestations corporelles (mots tendres, câlins, jeux divers), que cet amour absolu est devenu le prototype d'une relation aimante et que nous rêvons, voire exigeons, que notre amoureux(se) nous aime pareillement. L'homme est sans doute le plus exigeant – sans forcément le montrer – car la femme qu'il rencontre lui rappelle sa mère : elle a ses manières, sa tendresse, ses mains, ses seins, la douceur et les odeurs de sa peau, etc. Pas étonnant qu'elle fasse remonter en lui la nostalgie d'un amour fusionnel.

Nous pouvons trouver des amants qui nous offrent un tel amour, surtout au cours de l'état de grâce des premiers temps. Mais il y en a aussi, hélas, qui ne sont pas capables d'une telle ferveur ou de telles démonstrations et qui nous laissent sur notre faim. De toute façon, le temps passant, les marques d'amour s'émoussent. C'est dire que si nous sommes trop exigeants et maintenons cette exigence d'enfance, nous risquons d'être frustrés et déçus. Il nous faudra maturer vers moins d'exigence, nous dire qu'il est impossible qu'on nous donne autant de tendresse qu'à un enfant et nous délecter de ce qui est offert. Par contre, nous-mêmes pouvons donner beaucoup, or ce qu'offrent nos mains nous réjouit autant que ce que notre peau pourrait recevoir. Autrement dit on a autant de bonheur à donner qu'à recevoir.

Programmé pour mendier l'amour

J'ai déjà abordé ce cas : mal aimé et mal estimé ou, pire, détesté au cours de votre enfance, vous ne vous aimez pas et vous cherchez à vous faire aimer des autres. Vous vous promenez avec une sébile sur laquelle est écrit : « Aimez-moi, admirez-moi. » Avoir comme amoureux un tel mendiant est une lourde charge. C'est donc à vous à travailler pour vous aimer vous-même.

Programmé pour refuser l'amour

Privé d'amour dans votre enfance, vous aviez décidé pour ne plus souffrir de ce manque, de vous armer intérieurement. Ou, pire, victime d'agressions psychiques ou physiques, vous vous êtes entouré d'une carapace pour protéger votre sensibilité. De toute façon, vous êtes devenu un dur.

Et vous voilà programmé à être dur aussi avec les autres : si vous vous passez de tendresse, vous n'en donnez pas non plus, si vous n'exprimez pas vos émotions, vous n'entendez pas non plus celles des autres, ce qui n'est pas l'idéal pour épanouir un couple.

Il vous faudra travailler à retrouver votre sensibilité et à faire confiance à l'autre.

Programmé pour être abandonné

Enfant, vous avez pu vivre des abandons parfois bien réels, d'autres fois relatifs, mais qui vous avaient marqué. Votre maman fatiguée se retirait trop vite de votre chambre, vous laissant à votre noire solitude, votre maman allant au théâtre vous laissait aux mains d'une baby-sitter, plus préoccupée de son portable que de vous, etc. D'autres situations semblables vous ont programmé à avoir peur de perdre l'amour ou, pire, à être persuadé que vous serez abandonné.

Alors plus tard, certains comportements de votre conjoint pourront réveiller cette névrose d'abandon – son intérêt pour une autre femme, un autre homme, sa réelle infidélité, etc. Résultat : vous paniquez, des mésententes, des conflits voire des drames s'ensuivent.

Il vous faut prendre conscience que la douleur exagérée que vous ressentez correspond au programme infantile, et que si la peur d'alors d'être abandonné pouvait être fondée – vous étiez impuissant et vous couriez un risque vital –, aujourd'hui, adulte et puissant, votre vie et votre avenir ne sont pas en jeu.

Programmé pour n'être pas authentique

Enfant, vous aviez inventé une stratégie pour être aimé ou pour éviter d'être détesté, puni ou abandonné. Vous vous étiez construit une façade d'enfant gentil, « bien », qui plaît et fait plaisir, quitte à renier vos propres plaisirs, et vous

vous étiez façonné un masque pour cacher ce qui pouvait ne pas plaire : vos désirs, vos colères, vos faiblesses, quitte à vous couper de vos émotions véritables.

Mais lorsque vous êtes en couple, ce faux moi ne résiste pas à l'épreuve de la proximité et de la durée ; vos réactions inadaptées vous trahissent et votre partenaire vous découvre. En plus, cette fausse relation est source de conflits sans fin.

Votre travail : retrouver confiance en vous et affirmer votre véritable personnalité.

Programmé pour se disputer

Combien de colères contre notre mère, contre notre père n'avons-nous pas rentré au cours de notre enfance ! Mais il était préférable de ne rien dire, de ne rien laisser éclater.

Sachez que les scènes de ménage de votre couple peuvent être l'expression de vos colères rentrées d'antan. La femme dit à son mari ce qu'elle n'a jamais osé dire à sa mère, l'homme dit à sa femme ce qu'il n'a pu exprimer à son père. Ainsi, en réalité, la révolte est destinée au parent de même sexe.

Ici encore, comme dans toute situation de souffrance ou de conflit, il vous faut repérer ce qui appartient au passé, et se répéter : « Elle n'est pas ma mère, il n'est pas mon père et je ne suis pas cet enfant perdu. »

Programmé pour mal s'entendre

Nos parents se sont mal entendus, aussi il y a de fortes chances que nous reproduisions un couple semblable.

Soyons donc vigilant à ne pas copier les relations et les comportements de nos parents.

11

Jetez vos préjugés aux encombrants

Depuis notre enfance, nous avons entendu dire et répéter des phrases, des prétendues « vérités », bonnes soi-disant à nous guider dans diverses circonstances de la vie et en particulier dans la vie de couple. Les unes sont de véritables adages sinon des proverbes que la société colporte depuis toujours. D'autres sont des « leçons » que des personnes de notre entourage – nos parents, des enseignants, etc. – ont tirées de leur expérience. Nous-mêmes, au cours de nos jeunes années, avons pu faire des constats et en faire des règles de vie.

Des effets néfastes

Ces « vérités » nous manipulent plus que nous le pensons. Inconsciemment, elles dictent nos comportements. Or elles ne sont pas toujours la vérité ni une vérité bonne pour tout le monde. En ce qui concerne l'opinion populaire, elle peut charrier des idées préconçues qui n'ont pas suivi l'évolution de la société. Pour ce qui est de l'avis de telle ou telle personne, elle ne reflète que son expérience personnelle et ses conclusions peuvent être erronées. Quant à notre appréciation de la vie, elle n'est que fragmentaire et donc pas forcément juste.

Ces croyances, en faussant notre jugement, nous empêchent d'évaluer justement une situation présente, nous imposant des solutions toutes prêtes. Elles gênent notre façon personnelle de nous adapter. Enfin, elles jouent souvent les « prophéties de malheur » et sapent notre enthousiasme. Au total, elles peuvent être à l'origine de nombreuses complications et conflits.

Oubliez ces phrases

Il est impossible de faire une liste exhaustive des croyances préjudiciables. Je ne citerai que celles qui me semblent les plus toxiques.

À propos de l'amour

- L'amour est éternel. Amour rime avec toujours.
- L'amour, ça ne dure pas.
- L'amour va combler toutes mes attentes.
- L'amour va me sauver : du malheur, de la malchance, etc.
- Quand on aime on est toujours d'accord.
- Quand on aime on ne peut pas se disputer.
- Quand on aime on doit deviner les désirs et les émotions de l'autre.

À propos du couple

- Quand on est en couple on fait tout ensemble.
- Quand on est en couple on doit tout se dire.
- Le couple, ça va de soi, il n'y a rien à apprendre.
- Le mariage tue le Prince charmant.

À propos de soi

- Je ne mérite pas d'être aimé. S'il m'aime, c'est qu'il se trompe sur moi, ça ne va pas durer.
- S'il me trompe, c'est que je n'ai aucun intérêt pour lui.
- Il faut toujours faire plaisir pour être aimé.

Généralités sur les sexes

- Les femmes sont masos.
- Les femmes n'aiment pas les hommes sensibles.
- Les hommes sont tous machos.
- Les hommes sont égoïstes.

Vous ne devez pas croire ces généralisations et leur opposer des opinions contraires. Vous trouverez les antithèses au cours de ce livre.

12

Sortez de la dépendance – Devenez autonome

L'état amoureux a presque immanquablement évolué vers la fusion, laquelle a abouti à la dépendance. Dès lors, l'amoureux n'existe plus qu'à travers sa partenaire : il ne pense, ne ressent, n'agit qu'en fonction d'elle, il ne vit que pour elle, il n'est heureux que si elle est présente et très aimante. Quand elle est absente, il ne vit plus, il ne fait plus rien jusqu'à ne plus manger, ne plus dormir. Il attend, il est malheureux. C'est une véritable addiction : l'autre est devenue sa drogue. Ce qui est dit ici d'un homme peut aussi bien se dire d'une femme.

La biologie de la dépendance

C'est à juste titre que j'ai écrit « drogue » et « addiction » car la dépendance amoureuse a la même base biologique que les stupéfiants : quand l'aimée est présente, le cerveau du dépendant – plus précisément son système limbique – sécrète beaucoup d'endorphines et d'ocytocine, neurohormones qui génèrent une humeur joyeuse voire un état d'euphorie. Mais si l'aimée s'absente, le cerveau du dépendant, faute de stimulations, diminue, voire annule sa sécrétion d'endorphines et d'ocytocine, ce qui entraîne tristesse et anxiété chez l'amoureux, autrement dit un véritable état de manque, semblable à celui du toxicomane privé de sa drogue. Que l'aimée revienne et, le taux des neurohormones remontant, l'amoureux retrouve son entrain et son bonheur.

Un(e) amant(e) fatiguant(e)

Continuons sur le cas d'un homme. Le couple qu'entreprend de former le dépendant est d'une grande intensité et même très heureux dans les premiers temps ; mais il va se révéler difficile voire fragile ensuite. Le dépendant cherche quelqu'un qui puisse éternellement combler son gouffre d'amour, c'est-à-dire lui donner sans cesse toutes les marques d'affection qu'il attend, toute la sécurité affective qu'il réclame. Sa partenaire va lui être toute dévouée un certain temps et même longtemps. Mais elle finit par étouffer dans cette relation accaparante et par s'épuiser à tenter de remplir le vide. Un jour elle lui fera entendre qu'« elle n'est pas sa mère et qu'il n'est pas son enfant ». S'il ne change pas, soit elle restera avec lui dans un couple plus ou moins satisfaisant, soit elle le quittera.

Si elle reste et que lui ne s'amende pas, il ira satisfaire ses manques dans moult infidélités. Si elle le quitte, il se rabattra sur la première personne disponible, car le dépendant n'est pas forcément un amoureux profond. L'autre n'est en réalité qu'un objet destiné à combler le grand vide qui le mine. D'ailleurs, la trajectoire amoureuse des dépendants est faite de multiples liaisons finalement insatisfaisantes et d'autant de ruptures.

Guérir de la dépendance

Qu'est-ce que ce grand vide ? C'est le résultat d'un grand manque d'amour durant l'enfance. C'est donc un grand besoin d'être aimé. Et nous avons vu qu'un tel besoin, quand il est excessif, empêche une véritable relation d'amour.

Il faut savoir que le vide ne peut être rempli totalement et indéfiniment de l'extérieur. Que même les plus grandes aimantes ne peuvent y arriver. Il faut donc bien que le soupirant cesse de soupirer et se décide à trouver l'amour en lui, l'amour de soi. Quant au bonheur ce n'est pas non plus de l'extérieur qu'il faut l'attendre, c'est au fond de soi qu'il faut le chercher.

À propos de l'amour et du bonheur, il est bon de savoir que de même qu'« il ne faut pas vivre pour manger, mais manger pour vivre » (Molière), il ne faut pas aimer pour être heureux, mais être heureux pour aimer. Si vous aimez pour être heureux, votre amour est utilitaire et votre bonheur fragile et aléatoire. Si vous étiez heureux avant même d'aimer, votre amour est véritable et votre bonheur confirmé. Autrement dit, deux personnes ne s'aiment vraiment que lorsque chacun peut vivre heureux seul, mais choisit de s'allier à l'autre pour un *must* de bonheur.

Pour faire un couple heureux, il fallait être deux célibataires heureux.

Devenir autonome

L'autonomie, c'est le secret des couples heureux. Il ne faut pas vivre que pour l'autre et par l'autre, mais aussi pour soi et par soi. L'autonomie, ce n'est pas l'indépendance totale, le chacun pour soi et par soi, c'est l'association en alternance d'une vie commune où l'on partage tout et d'une vie individuelle où l'on mène des actions personnelles.

La vie commune est faite d'activités où l'on œuvre à deux : les enfants, la famille, la maison, des projets solidaires, des cocréations et des séquences de fusion – faire l'amour, vivre ensemble de grands moments tels un sublime oratorio, un flamboyant coucher de soleil, un événement émouvant. Cette fusion-là n'est pas absolue, ni permanente. C'est un fragment de temps où l'on entre joyeusement et dont on sort léger.

La vie individuelle est faite d'activités que l'on poursuit pour soi : recherches artistiques, spirituelles, sociales, etc.

Elle constitue notre jardin « privé », terme que je préfère à jardin « secret » qui a une connotation cachottière. Préserver sa vie individuelle est légitime : on a vis-à-vis de soi-même un devoir d'évoluer et de s'enrichir intérieurement. C'est d'ailleurs bénéfique pour le couple : les acquis, les progrès de chacun profitent à l'autre, créent des échanges, nourrissent les conversations qui auraient tendance, à la longue, à devenir banales et même à se tarir. De plus, cette vie que l'on mène à part, quelque peu inconnue et mystérieuse, entretient l'intérêt de l'autre, sa curiosité. Autant de moyens de s'opposer à l'usure du couple.

Ajoutons, pour ceux ou celles qui seraient inquiets voire jaloux des activités que l'autre fait sans lui – elle –, que ce que l'on fait sans l'autre, on ne le fait pas contre l'autre.

Temps et espaces

À l'activité commune correspond un temps commun, on fait les choses ensemble dans le même temps. Mais un peu à la fois, surtout après l'arrivée des enfants, ce temps est aspiré en grande partie par les occupations familiales et il ne reste plus de temps pour le couple. Il faut donc que les partenaires se réservent systématiquement des moments à eux : une fois par semaine, une soirée pour se retrouver en tête-à-tête : restaurant, cinéma, spectacle, etc. et, une fois par mois, un week-end à deux, les enfants étant confiés à un couple d'amis, à charge de revanche.

Quant à l'activité personnelle il faut aussi lui réserver systématiquement du temps en fixant à l'avance une demi-journée ou une soirée par semaine.

Quels espaces pour ces diverses activités ? Les activités communes se passent dans l'espace commun : la maison ou l'appartement. En ce qui concerne les activités personnelles – celles qui ne se pratiquent pas à l'extérieur – une pièce serait l'idéal, elle serait le « territoire » personnel. Le bricoleur ou la jardinière trouve aisément une cabane ou un coin de garage (quand on habite une maison), l'artiste ou la musicienne a davantage de mal à trouver un lieu, la méditante ou le poète encore plus. Faute de pièce, avoir un placard à soi est le minimum vital, où mettre son journal intime, sa guitare, ses toiles, etc.

Quant au couple dont l'espace est de plus en plus envahi par la famille, il doit tenir bon sur la chambre, temple inviolable de l'amour. Elle doit être fermée à clé, les enfants n'y pénétreront qu'après avoir frappé et sur invitation ; ils n'y dorment pas. Par ailleurs, c'est un lieu sans écran (ni télévision, ni ordinateur). La décoration, les couleurs, les tissus, les lumières, tout doit porter à l'amour (voir *L'art de bien dormir à deux*, Éditions Albin Michel et Éditions J'ai Lu).

13

Renoncez à la possessivité

Aimer, c'est aimer la liberté de l'autre. » Phrase superbe et généreuse, mais tellement difficile à appliquer !

L'instinct de possession

Tout nous pousse à nous approprier celui ou celle que nous « aimons » : un instinct de possession qui doit être une propriété naturelle de l'être humain, la mémoire de relations étroites – celle avec notre mère dans l'enfance, celle avec notre amoureux(se) dans la période fusionnelle – et une certaine mentalité romantique.

En effet, l'amour donne un sentiment d'appartenance réciproque : « Je suis à toi, je t'appartiens » disent les amants dans un élan de don. Certains même veulent « se consacrer à l'autre ». Il est vrai que l'amour ouvre au plus grand partage des âmes et des corps et permet un accès quasi illimité à l'intimité de l'autre. Mais attention : c'est un privilège accordé qu'il faut chaque jour mériter. Ce n'est pas un droit automatique. L'amour ne donne pas de droit de regard, de contrôle ou d'intrusion.

Redoutables conséquences

Les conséquences d'un comportement possessif sont redoutables : le partenaire se sent étouffé et entravé, comme en prison. Sa personnalité même est menacée, ou bien il se laisse faire et n'existe plus, ce qui annule la notion même de couple, ou bien il se rebelle et le couple entre dans une cascade de conflits et de crises. Dans la meilleure hypothèse, les protagonistes trouveront un nouveau *modus vivendi*, dans la pire, ils se sépareront.

Il faut savoir que l'appropriation de l'autre n'est pas une garantie de sa fidélité et donc de la cohésion du couple, au contraire : paradoxalement c'est la possessivité de l'un qui pousse l'autre à l'infidélité ; posséder, c'est enfermer dans une cage, or celui ou celle qui est en cage ne rêve que d'en sortir. Inversement, celui ou celle qui se sent libre aura moins d'envie d'aller « voir ailleurs » ou saura mieux y résister. Nous en reparlerons dans les chapitres 25 à 27 sur l'infidélité.

14

Soyez un peu jaloux mais pas trop

La jalousie, en général, est un sentiment mauvais qu'on éprouve en voyant un autre jouir d'un avantage qu'on ne possède pas ou qu'on désire posséder exclusivement ; et l'inquiétude qu'inspire la crainte de partager cet avantage ou de le perdre au profit d'autrui » (*Le Robert* en six volumes). En ce qui concerne la jalousie d'amour c'est « le sentiment douloureux que font naître les exigences d'un amour inquiet, le désir de possession exclusive de la personne aimée, la crainte de son infidélité » (*idem*).

La jalousie est un sentiment normal et quasi universel. Son intensité est variable. À petites doses, elle est présente chez tout un chacun, et ses conséquences sont positives comme nous le verrons. À doses excessives, elle devient jalousie maladive ou, pire, jalousie pathologique ; ici les conséquences sont négatives, voire dramatiques.

Puisque nous en sommes aux conséquences, examinons les heureuses et les regrettables.

Les conséquences de la jalousie

Les conséquences positives

- La jalousie peut provoquer une émulation, c'est-à-dire le désir d'aimer mieux et de devenir meilleur. C'est du reste son sens étymologique : jalousie vient du grec *zelos* qui veut dire émulation. Ici, elle produit une stimulation de la qualité de l'amour. « La jalousie des personnes supérieures, écrit Balzac, devient émulation, elle engendre de grandes choses. Celle des petits esprits devient de la haine. »

- La jalousie peut aussi engendrer une stimulation de l'intensité de l'amour, ou plus précisément une majoration du sentiment amoureux selon une loi basique de psychologie : l'existence réelle ou supposée d'un rival entraîne la peur de perdre la partenaire, laquelle peur exacerbe le désir de possession, désir qu'on prend pour de l'amour. La loi s'énonce : « On aime tant que ce que l'on risque de perdre. » Cette réaction peut être favorable au couple en relançant la ferveur sentimentale. Cependant j'y vois aussi deux aspects négatifs : 1) cette ferveur nouvelle risque de retomber quand le danger est passé, « Passé le danger, adieu le saint » ; 2) cette ferveur n'est pas le signe d'un amour véritable. On voit des mal-aimants être intolérants à la liberté de leur partenaire et des infidèles être jaloux… « Le tempérament a beaucoup de part à la jalousie, a écrit La Bruyère, et elle ne suppose pas toujours une grande passion. » Inversement : « Il y a une certaine sorte d'amour dont l'excès empêche la jalousie » a justement avancé La Rochefoucauld.

Les conséquences négatives

- La jalousie est un **sentiment douloureux**, et même parfois extrêmement douloureux. On parle de « tourments », de « tortures », de « jalousie mortelle ».
- La jalousie est un **facteur de déséquilibre psychique** : elle entraîne anxiété, angoisse, obsession, désespoir. Elle peut engendrer une dépression. Ainsi, elle nous pousse vers l'emploi des drogues de toutes sortes : médicaments psychotropes, alcool, tabac, stupéfiants.
- La jalousie est **destructrice** : de soi, comme on vient de le voir, car elle peut aboutir au suicide ; et de l'autre par

toutes sortes d'agressions qui peuvent culminer en crime passionnel. Elle peut détruire aussi le couple à force de soupçons, d'espionnage, d'interdictions, de peurs, de ressentiments, de conflits.

Les « pas jaloux » existent-ils ?

Il y a ceux qui n'aiment plus et sont indifférents à ce que fait leur conjoint(e). Il y en a même qui les pousseraient dans les bras de tiers.

Il y a ceux qui, par conviction philosophique ou esprit progressiste, sont partisans du « couple ouvert » ou de la « vie en communauté d'amour ». Pour autant ils ne sont pas définitivement insensibles à la jalousie. Beaucoup, un beau jour, tombent amoureux sur le mode classique et choisissent de vivre à deux.

Il y a enfin ceux qui, tout en se situant dans le culte du couple, supportent l'infidélité de leur partenaire parce qu'ils ont atteint un haut niveau de conscience de l'amour – l'amour véritable. Ils sont dans le don inconditionnel de l'amour : « Je t'aime, point ! », c'est-à-dire que même s'il n'y a pas un égal retour, ils ont appris à se positionner autrement et à gérer hautement leur souffrance. « Si l'on souffre, disent-ils, c'est que l'on n'est pas à un bon niveau de conscience. »

D'où vient la jalousie ?

La jalousie est liée au besoin de posséder, c'est-à-dire d'avoir la propriété exclusive d'une personne, avec interdiction d'ouvrir des relations affectives et sexuelles avec d'autres personnes, voire des relations ordinaires. Comment expliquer cette attitude ? Plusieurs éléments interviennent.

1. **Un instinct fondamental et primaire.** Cet instinct apparaît dans les espèces animales qui passent de « l'amour

libre » au couple : les espèces d'oiseaux qui forment des couples – et même à vie – sont jaloux. Les loups dont la vie en couple et la fidélité sont légendaires sont très jaloux. Les espèces de singes qui vivent en couple monogame (30 %) sont férocement jaloux. Quant aux autres singes polygames, ils forment des couples éphémères avec les femelles qui entrent en rut ; alors ils se révèlent très jaloux.
Les humains ont-ils l'instinct de possession ? Assurément, les hommes en particulier. Dès qu'ils ont pris le pouvoir, les hommes du patriarcat ont inventé le mariage assorti de l'obligation de fidélité pour les femmes principalement, sous peine de punitions graves allant jusqu'à la mort. Cette façon de répartir les femmes entre les hommes était bien un moyen de se prémunir de l'infidélité de leur partenaire.
Cette répartition légale des femmes avait des avantages pour les hommes du patriarcat : 1) elle évitait la rivalité entre eux et ses conséquences : rixes, combats, etc. ; 2) elle évitait de disperser les biens et le nom entre de multiples bâtards. Seuls les enfants légitimes pouvaient en hériter.

2. **La peur de perdre l'amour.** La destinée de l'humain est faite d'une succession de pertes d'êtres aimés et aimants : séparation d'avec le ventre de la mère, paradis s'il en était, séparation d'avec le sein maternel, autre paradis, séparation du premier amour, paradis retrouvé, puis des amours suivantes. La jalousie c'est la peur de perdre le partenaire qu'un rival enlèverait et alors d'être livré à nouveau à l'insoutenable solitude.

3. **La crainte d'être disqualifié.** Si notre partenaire choisit une autre personne que nous, c'est que nous sommes incapable de le combler, c'est que nous n'avons pas

toutes les qualités pour le satisfaire mais que le rival, en revanche, a ces qualités : il (elle) est plus ceci ou plus cela – souvent on croit que la supériorité est sexuelle –, « il en a une plus grosse ». C'est donc l'amour-propre qui est en cause. « Il y a dans la jalousie plus d'amour-propre que d'amour » a déclaré La Rochefoucauld.
Plus justement c'est une atteinte à l'estime de soi et en tant que telle elle affecte davantage ceux qui en manquent. Au final la jalousie est une blessure narcissique.

4. **La résurgence d'une jalousie infantile.** L'enfant a de quoi être jaloux : sa mère, tant de fois par jour, donne des signes d'affection à un autre être, le père, et quitte le petit pour rejoindre le père, particulièrement le soir. Et s'il n'y avait que lui ! Mais il y a aussi le grand frère ou la grande sœur qui prend une trop grande part d'affection, auquel s'ajoute un beau jour un petit frère ou une petite sœur qui absorbe toute la tendresse de maman. C'est plus qu'une frustration, c'est un abandon, voire une trahison. Si les hommes sont souvent plus jaloux que les femmes, plus atteints dans leur amour-propre, c'est à cause de la douloureuse rivalité qui les opposait au père, être de même sexe qui triomphait toujours.

5. **Les pathologies mentales.** La névrose d'abandon, la plus répandue des névroses, entraîne des jalousies maladives ; la paranoïa et l'hystérie provoquent des jalousies pathologiques.

Si vous êtes trop jaloux

Si vous êtes trop jaloux, vous ne pouvez pas être pleinement heureux non plus que votre partenaire. Cela vous gâche la vie et la sienne aussi. Tempérez donc votre jalousie. Voici comment faire :

1. **Renforcez votre amour pour vous-même.** La jalousie, nous l'avons vu, dénote un manque d'amour de soi et de confiance en soi : « Je ne suis pas assez bien pour intéresser plus longtemps et retenir mon (ma) partenaire. » Croyez plus en vous et vous n'aurez plus peur qu'un(e) rival(e) vous la (le) prenne. Il est même possible que, vous sentant plus sûr et plus serein, votre partenaire se trouve mieux à vos côtés. Et si elle (il) part quand même vous n'aurez pas peur de n'être plus rien et surtout de n'être plus heureux(se) sans elle (lui). L'amour, je vous l'avais dit aussi, ça ne sert pas à être heureux, on peut être heureux seul si on s'aime soi-même, ça sert à être encore plus heureux. Donc travaillez sur votre mésestime de vous et sa conséquence, votre besoin excessif d'être aimé qui fait que vous attendez tout de l'autre.

2. **Débarrassez-vous de la peur infantile de l'abandon.** Vous n'êtes plus un enfant impuissant et inefficace. Adulte, vous êtes puissant et actif. Dès lors occupez-vous de l'enfant qui pleure en vous, soyez son père, soyez sa mère, consolez-le, rassurez-le.

3. **Grandissez en amour.** Ne restez pas dans le besoin d'être aimé – l'amour est don inconditionnel – ni dans la possessivité – l'amour respecte la liberté de l'autre. De toute façon, comme nous le verrons dans les chapitres 25 à 27 sur l'infidélité, enfermer votre partenaire dans une cage, c'est d'abord instaurer avec lui une relation conflictuelle et c'est surtout exacerber son envie de liberté, liberté qu'il finira par prendre contre vous. Inversement, se sentir libre de s'évader réduira son envie de le faire.

4. **Cessez de vous faire mal.**
   – Arrêtez de chercher des preuves, de fouiller sacs, sacoches, poches et portables. Le faire c'est vous faire souffrir inutilement, se l'interdire c'est vous protéger : « on ne souffre pas de ce qu'on ne sait pas », voilà une sage réflexion.
   – Arrêtez d'imaginer, d'inventer, d'interpréter. Tout ce cinéma que vous vous faites sur votre partenaire et son éventuelle aventure vous rend maso. En plus vous souffrez pour rien car vos cogitations sont sûrement erronées.

15

Vos émotions vous appartiennent

C'est de ta faute si j'ai cela », « C'est de ta faute si j'ai raté ceci », « C'est parce que tu es comme ceci ou comme cela que notre couple ne marche pas », « Je n'ai pas de chance, je tombe toujours sur des hommes coureurs / sur des femmes légères ».

Trop souvent nous avons tendance à tenir l'autre ou le destin pour responsable, voire coupable de ce qu'il nous arrive : nos insatisfactions, les difficultés de la relation, nos échecs. Or nous sommes d'abord responsables de nos décisions et de nos actions, comme nous sommes autant responsables de la relation.

Un immense progrès

Se responsabiliser au lieu de reporter sur l'autre nos erreurs et nos échecs est un des plus grands progrès de conscience que nous pouvons faire. C'est un acte d'équité qui favorise l'harmonie du couple, c'est un acte de maturation qui grandit l'être. Assumer nos erreurs nous permet de progresser : en les analysant, en les comprenant, nous les prévenons, et cette démarche nous sort du statut inférieur de victime où nous nous complaisons trop souvent parce que facile, passif, pour nous situer dans le statut de créateur de sa vie, plus difficile mais tellement supérieur.

Et les émotions ?

Bien que rarement appliqué, ce que je viens de dire est connu. En revanche, ce qui est moins connu et tout aussi important c'est de se considérer également comme responsable de nos émotions. En général, on en accuse l'autre : « Tu me fais souffrir », « Tu m'angoisses ». Si l'autre peut bien être un facteur déclenchant, c'est la façon dont je reçois ce qui vient de lui qui est le creuset de mon émotion, c'est bien moi qui donne à mon ressenti son intensité et sa couleur. Ma souffrance s'alimente de mon tempérament hypersensible et de mes blessures d'enfance toujours prêtes à se rouvrir.

En vérité, l'autre, quoi qu'il fasse ou dise, n'est jamais qu'un figurant sur la scène de notre théâtre intérieur. Cessons donc de l'accuser, de le charger et au lieu de dire « tu me fais souffrir », apprenons à nous poser la question : « Avec quoi est-ce que je me fais souffrir ? » Avec quel bout de phrase, avec quel geste, avec quelle supposition suis-je en train de fouiller une blessure ancienne ? « Qu'est cette plaie que je réveille pour que ça me fasse si mal ? »

Assumer ses émotions, c'est aussi un des plus grands progrès de conscience qu'on puisse faire. Cela nous aide à nous comprendre, cela évite d'accuser injustement ou excessivement notre partenaire, cela évite des conflits. Vous serez étonné de la sérénité qu'apporte dans le couple cette démarche.

16

En finir avec vos peurs

Ce qui gâche les relations entre les êtres humains ce sont les peurs. Il en est de même dans les relations de couple : les peurs faussent tout. Or les amants sont plein de peurs : peur de l'homme vis-à-vis de la femme et réciproquement, d'où les malentendus, les oppositions, les douleurs.

Les peurs communes à la femme et à l'homme

La peur de l'amour, la peur d'entrer dans une relation amoureuse

C'est la peur que les sentiments générés et les plaisirs procurés nous attachent excessivement à l'autre, qu'on s'y aliène, qu'on lui abandonne notre liberté jusqu'à en devenir esclave. C'est donc la peur d'être dominé. C'est aussi la peur de perdre la tête, de voir tout son temps et toutes ses forces dévorées. Au total c'est la crainte de n'avoir plus la maîtrise de sa destinée.

Il est vrai que cet attachement amoureux peut devenir une véritable addiction qui s'explique par la sécrétion par le cerveau d'endorphines et d'ocytocine, nos drogues internes. C'est cette dépendance vis-à-vis d'une femme qui fait dire d'un homme qu'il « l'a dans la peau ». Mais on peut aussi le dire d'une femme vis-à-vis d'un homme.

Auparavant, la peur d'aimer était plutôt le fait des hommes. Combien d'œuvres littéraires ont traité de ces femmes fatales embarquant leur amant dans une passion ravageuse, ruinant leur destinée : Circé, Hélène, Cléopâtre, Marguerite, Carmen, pour ne citer que les plus célèbres. En réalité, ces œuvres n'étaient pour les mâles que des tentatives d'exorciser leur peur de la femme (voir *De la peur à l'amour*, Éditions J'ai lu). Maintenant que la vie des femmes se rapproche de celle des hommes (le besoin d'autonomie, l'importance d'une carrière, etc.), nous voyons des femmes redouter à leur tour les feux de l'amour.

Traitement de la peur d'aimer

Il ne sert à rien de craindre la passion puisque, de toute façon, lorsqu'elle nous tombe dessus, on n'y peut rien. Vivons-la sans réserve : elle constitue, au cours d'une existence, une expérience tout à fait extraordinaire, à travers ses excès de joie et de souffrances. Puis sachons, dans un second temps, vivre l'amour sur un mode plus *moderato cantabile* et dans l'esprit du nouveau couple. Ici, l'amour est tout à fait compatible avec l'autonomie et l'épanouissement et ne doit plus faire peur.

La peur de perdre l'amour

On a peur que la personne qui nous aime cesse de le faire ou pire, aime quelqu'un d'autre. C'est une crainte qui est commune à tous les êtres humains mais qui est plus prononcée chez certains.

Cette peur a ses racines dans l'enfance. Lorsque sa mère s'occupe moins de lui qu'il ne le voudrait – par fatigue ou manque de temps – l'enfant pense qu'elle l'aime moins ; plus qu'une insatisfaction, il ressent une inquiétude : « Et si elle s'occupait encore moins de moi, si elle me laissait avec cette faim, ce froid, ces souillures, que deviendrais-je ? » La peur peut se faire panique : « Et si elle m'abandonnait complètement, moi qui suis seul, impuissant, incapable ? » L'enfant sent bien que sa vie même dépend des soins et de l'amour de sa mère.

Qu'elle fût réellement mal-aimante ou qu'il l'ait ressentie ainsi, ou a fortiori qu'elle l'ait vraiment abandonné, l'enfant va devenir un être abandonnique, un sujet que mine la peur d'être abandonné.

Souvent un tel être s'imagine que si sa mère l'a mal aimé, voire délaissé, c'est parce qu'il n'est pas assez aimable, pas assez digne d'amour. Dès lors il fera tout pour être aimé, y compris ne pas être lui-même : ne pas oser affirmer ses goûts, ses désirs, ses opinions de peur de déplaire, ne pas montrer ses émotions et ses réactions de peur d'être mal jugé, ne pas contrarier de peur de décevoir, toujours mentir, se mentir, se renier. Par ailleurs, il sera plus préoccupé de faire plaisir que de se faire plaisir.

Les êtres abandonniques ont des difficultés à vivre en couple

- Leur peur de perdre l'amour leur a donné un caractère parfois difficile : hypersensibles, anxieux, ils ont des sautes d'humeur imprévisibles ; exigeants, ils guettent voire réclament des preuves d'amour, soupçonneux voire inquisiteurs, ils épient les preuves de désamour.
- Leur peur d'être authentiques les met en porte-à-faux dans le couple. N'étant pas eux-mêmes, leurs désirs et leurs opinions ne sont pas connus de leur partenaire, ce qui entraîne chez eux des insatisfactions et des rancunes, et aboutit à des actes manqués ou à des explosions de violence qui traduisent tout ce qui a dû être nié, refoulé. Quant au partenaire, il est souvent désorienté. Notez que la peur de perdre l'amour s'exaspère dans des situations qui sont assimilées plus ou moins consciemment à des situations de l'enfance : une attitude apparemment moins aimante du partenaire, un intérêt particulier qu'il porte à un tiers ou a fortiori une infidélité réelle, parce que ça constitue le risque majeur d'être quitté.

Traitement de la peur de perdre l'amour

- Dites-vous qu'aucune situation de l'adulte ne peut être assimilée réellement à une situation d'enfance : le petit est impuissant, l'adulte peut agir, la vie du petit peut être un enjeu, pas la vie de l'adulte.
- Ramenez à sa juste proportion l'événement qui paraît menacer l'amour qu'on vous donne. Si votre partenaire est moins démonstratif, sachez que le sentiment fluctue en fonction de divers paramètres (la fatigue, les soucis, les biorythmes, etc.) ; permettez à votre partenaire de n'être pas toujours au top. Votre partenaire vous trompe ? Rien n'est perdu, cela peut même être le début d'un renouveau (voir les chapitres 25 à 27 sur l'infidélité). Votre partenaire vous a quitté ? Même si ça fait atrocement mal, mal à en mourir, vous êtes toujours en vie, parce que vous n'êtes plus un enfant perdu ; efforcez-vous de comprendre ce qui s'est passé afin de ne pas rater la prochaine relation amoureuse qui, sans aucun doute, surviendra.
- Aimez-vous davantage, croyez plus en vous et vous saurez aimer sans peur de perdre l'amour, sans peur du vide car il n'y aura plus de vide : vous êtes bien avec vous-même. Il faut être heureux pour aimer et non aimer pour être heureux. *Bis repetita placent.*

Les peurs propres à la femme

Aujourd'hui, face à face, la femme et l'homme se retrouvent dans leur couple comme depuis trois millions d'années ; il y a des problèmes et des peurs qui sont éternels. Parmi les peurs que les femmes éprouvent toujours vis-à-vis de l'homme, nous trouvons :

La peur de la violence

C'est un constat évident et terrible : l'homme est un être violent vis-à-vis de la Terre, des autres vivants, des autres humains et de la femme. Sa fonction de chasseur et de guerrier l'y oblige, son éducation l'y pousse, sa testostérone l'y force. Toute civilisation a pour but d'atténuer cette violence. Au sein du couple, elle s'est longtemps exercée à l'abri de la loi. Maintenant les lois protègent – en Occident – les femmes, mais des violences persistent comme le prouve « L'Observatoire des violences faites aux femmes » : six femmes tuées chaque mois suite à des coups, 2 500 blessées au point d'être hospitalisées, en France.

La peur de la domination

L'homme s'est servi de cette violence, de sa force physique et de son rôle d'unique pourvoyeur de nourriture et de ressources pour soumettre la femme. Beaucoup d'hommes restent fondamentalement dominateurs. Heureusement de nouveaux hommes apparaissent qui cessent d'hypertrophier leur *animus* et laissent s'épanouir leur *anima*, bref, font un bon usage de la testostérone : la virilité ne consiste pas à dominer la femme, mais à avoir du courage (*vir* en latin veut dire « courage ») dans les diverses épreuves psychiques et physiques de la vie.

La peur du machisme

C'est la peur d'être dévalorisée, méprisée du fait de son sexe féminin et des lois destinées à être soumise.

Les peurs sexuelles

C'est la peur de ne pas trouver d'agréments dans les relations sexuelles et a fortiori de ne pas jouir ou même d'y trouver des désagréments, soit que l'homme est brutal, soit qu'il est malhabile par méconnaissance de la féminité. Quand un homme caresse le clitoris, la femme jouit dans 45 % des cas, quand c'est la femme elle-même qui le stimule, elle jouit dans 99 % des cas. Quand l'homme pénètre de son pénis le vagin féminin, trois femmes sur dix seulement ont un orgasme, quand la femme elle-même le stimule en y introduisant quelque objet, elle jouit plus souvent. Il faut dire que la sexualité de la femme et celle de l'homme sont très différentes. Nous verrons comment les accorder pour le plus grand bonheur des deux.

À l'inverse, il y a des femmes qui ont peur de jouir trop fort et que l'orgasme ne leur fasse perdre la tête ou les emporte, elles ne savent où. Cette peur empêche certaines femmes d'atteindre les sommets du plaisir.

Autres peurs : les peurs consécutives à des traumatismes sexuels (attouchements, viols incestueux ou pas), et enfin la peur du péché qui n'a pas complètement disparu.

Les peurs propres à l'homme

Elles sont nombreuses. Je les ai regroupées sous le terme de « mâle-peur ». C'est une peur vieille comme l'humanité et qui non seulement subsiste de nos jours mais s'intensifie en raison de la libération de la femme. Dans la mâle-peur, deux peurs prédominent et régissent toutes les relations de la femme et de l'homme : la peur de la richesse sexuelle de la femme et la peur que la femme ne s'empare du pouvoir.

La mâle-peur est fondée sur deux pouvoirs naturels et en même temps extraordinaires que détient la femme depuis ses origines :

1. *Le pouvoir de créer la vie :* concevoir un être dans son ventre et l'allaiter de ses seins. Les hommes de la Préhistoire avaient une fascination métaphysique pour celle qu'ils considéraient comme une déesse. Les hommes de maintenant gardent une admiration quelque peu religieuse pour celle qui détient toujours ce pouvoir fabuleux et inimitable.
2. *Le pouvoir érotique.* Il a trois facettes quasi magiques : attirer l'homme en déclenchant en lui le désir, l'enivrer en lui procurant la plus merveilleuse expérience de plaisir qui soit, se l'attacher en provoquant en lui le besoin de revenir sans cesse à elle. De son côté, la femme obtenait une jouissance telle que ses manifestations laissaient l'homme pantois.

D'antan, ces pouvoirs, associés à d'autres qui en dérivaient (le don de guérir, le don de divination, etc.) conférèrent à la femme une autorité incontestable sur l'homme, la famille, la société. C'était le matriarcat.

Plus tard, l'homme, à la faveur de diverses circonstances qui lui étaient favorables (voir *De la peur à l'amour*, Éditions J'ai Lu), s'empara de la direction de la famille et de la société et réduisit la femme en quasi-esclavage. Il réprima cruellement son pouvoir érotique (interdictions diverses, mutilations, séquestration, lapidation, bûcher, etc.).

Récemment, les femmes se sont libérées et émancipées. Elles ont acquis les mêmes droits et la même valeur que l'homme. Ce faisant elles ont réamplifié la « mâle-peur », d'autant que parmi les droits conquis il y avait le droit au plaisir et celui d'exercer pleinement leurs pouvoirs érotiques. En plus la science leur offrait la possibilité de jouir sans risque de grossesse (contraception, IVG), les lois leur donnaient la liberté de disposer de leur vie (fin de la soumission, facilité de divorcer) et l'économie leur apportait les moyens de subsister indépendamment (salaires, allocations sociales).

Ainsi, d'un seul coup s'effondraient tous les moyens qu'avait inventés l'homme pour contrôler la femme. Alors les peurs ancestrales se sont réactivées tandis que d'autres peurs apparaissaient : la peur de tomber par volupté sous l'emprise d'une femme ; la peur d'être épuisé par sa gourmandise et de ne plus pouvoir faire face à ses rôles de chef, de guerrier, de businessman ; la peur d'être amolli par la fréquentation de la femme et le réveil en soi-même de sa propre féminité ; la peur des désordres sociaux qu'engendre l'exacerbation du désir des mâles (jalousie, rivalités, conflits) ; et enfin, peur très actuelle, celle de ne pas savoir combler les aspirations sexuelles des femmes car celles-ci, profitant de leurs nouveaux droits, exigent que l'homme leur offre le « top » de l'art érotique afin d'atteindre les plus hautes cimes du plaisir. Plaisir d'une telle ferveur et d'une telle exubérance qu'il impressionne nos *Homo sapiens sapiens* environnants, autant qu'il devait subjuguer Monsieur Cro-Magnon.

Mais au-delà de la peur de la sexualité féminine, il y a chez l'homme la peur que la femme ne lui reprenne le pouvoir et qu'elle règne à nouveau comme au temps du matriarcat. Il existe une nouvelle sorte de femme qui effraie particulièrement l'homme, car elle pourrait annoncer des lendemains difficiles : « l'amazone ». Elle prétend se passer de l'homme, sauf à l'utiliser. En matière de sexualité, c'est elle qui met l'homme dans son lit, s'en sert puis le débarque. Dans la direction des affaires – privées ou publiques – elle se révèle un manager redoutable qui pourrait prendre sa place. Du reste, elle fait passer sa carrière avant l'amour et la maternité, bref, elle agit comme l'homme.

Traitement de la mâle-peur

Pour ce qui est de la peur que la femme reprenne le pouvoir c'est un fantasme sans fondement. Du reste, même au cours du matriarcat, les femmes ne régnaient pas, ce sont les valeurs féminines qui prédominaient, valeurs issues de la maternité et de la sensualité (respect de la vie, tendresse, altruisme, sensibilité, soins, etc.). Quant aux femmes actuelles, elles sont à l'aise dans cette période où l'autorité est partagée même s'il y a encore des inégalités. Ce qu'elles souhaitent c'est que l'homme renonce à sa dureté patriarcale (domination, exploitation, destruction, tueries), et qu'on évolue vers une civilisation où l'amour l'emporte sur l'agressivité. Et les amazones ? Ce sont des femmes qui réagissent légitimement mais excessivement à la domination des hommes, juste retour de balancier ! Mais comme la plupart des femmes, elles évolueront vers un consensus.

En ce qui concerne la peur de la sexualité de la femme, elle peut aussi disparaître si l'homme comprend ce qu'est cette sexualité et sait modifier sa propre sexualité de façon à combler sa compagne pour le plus grand bonheur des deux.

L'harmonisation des sexualités de la femme et de l'homme

Pour en finir avec la peur masculine de la richesse de la sexualité de la femme, et la peur féminine de ne pas être comblée par l'homme, il faut que chacun trouve dans l'échange sexuel ce qu'il y cherche : le plaisir le meilleur, certes, mais aussi le bien-être, la détente, l'épanouissement, bref tout ce qu'apporte une activité sexuelle harmonieuse. En plus une telle activité attachera profondément les partenaires et rendra leur union plus heureuse.

Pour atteindre cette harmonie, il faut améliorer les pratiques de chacun en tenant compte d'un fait fondamental : la sexualité, ou plus largement l'érotisme, de la femme et celle de l'homme sont différents. Ce sont les dissymétries qui causent les problèmes, c'est en les modifiant qu'on pourra accorder, ajuster les sexualités.

- Première dissymétrie : **chez l'homme** l'orgasme-éjaculation survient en un temps court (50 secondes en moyenne). **Chez la femme**, l'orgasme – ici le vaginal – en un temps plus long (20 minutes en moyenne). C'est dire que la brièveté de l'homme ne permet pas à la femme de jouir. **Solution :** que l'homme retarde son orgasme en maîtrisant son réflexe éjaculatoire, ce qui lui permet de prolonger la présence active de son pénis dans la cavité vaginale ; alors la femme atteindra un niveau d'excitation suffisant pour que se déclenche sa jouissance suprême.
- Deuxième dissymétrie : **l'homme**, après avoir obtenu son orgasme-éjaculation, passe par une « phase réfractaire » où son désir et son érection sont réduits. Après une deuxième éjaculation, ils sont moindres encore ; après une troisième, la plupart des hommes sont hors service. **La femme**, au contraire, a la capacité de répéter ses orgasmes à l'envi – elle est « multiorgasmique ». Hélas si elle souhaite d'autres orgasmes, l'homme devenu moins désirant et moins bandant ne peut plus rien lui offrir. La femme ne peut donc réaliser totalement son

potentiel érotique. **Solution :** ici aussi, c'est à l'homme de retarder son éjaculation en maîtrisant son réflexe afin que son désir et son érection persistent assez longtemps pour permettre à la femme d'obtenir ses rebonds orgasmiques.

- Troisième dissymétrie : **chez la femme**, tout le corps, toute la surface de la peau, de la tête aux pieds, participe au plaisir ; la femme, avant de souhaiter la pénétration, aime baigner dans un bonheur érotique fait d'une multitude de baisers et de caresses qui enchantent sa bouche, son visage, ses seins, son dos, son ventre, ses pieds, le pourtour de son sexe et son sexe. **L'homme**, lui, cherche à assouvir le plus vite possible son besoin d'orgasme en pénétrant la femme. **Solution :** que l'homme sorte du ghetto de son sexe et apprenne à étendre son plaisir à tous ses sens, à tout son corps. Son bien-être et sa volupté seront agrandis à l'infini, à l'instar de la femme.

➢ *NB 1 :* une femme « révélée », c'est-à-dire dont la muqueuse vaginale a été sensibilisée par une longue pratique, pourra jouir aussi rapidement qu'un homme (voir *À vous le 7e ciel*, Quotidien Malin Éditions).

➢ *NB 2 :* si la femme est plus longue à jouir vaginalement, ce n'est pas qu'elle soit une sous-douée érotique, c'est au contraire qu'elle est une surdouée : ses corps érectiles, tout internes qu'ils soient, ont un volume supérieur à celui de l'homme. Il faut donc plus de temps pour les remplir, or c'est quand ces corps sont gorgés de sang que le plaisir peut se déclencher. Mais une fois turgescents, ces corps, compte tenu de leur volume important, ne se désemplissent que lentement : voilà pourquoi la femme peut jouir plusieurs fois. La verge de l'homme, elle, se vide plus rapidement : voilà pourquoi il se fait réfractaire.

17

Ne misez pas tout sur le sentiment

En Occident, on donne la priorité aux sentiments. Le couple est fondé exclusivement sur l'amour qu'éprouvent la femme et l'homme l'un pour l'autre. Cela n'a pas toujours été le cas.

Longtemps, l'union de l'un et de l'autre a été dictée par l'intérêt. Au plus haut niveau – les souverains –, les unions avaient des visées géopolitiques : renforcer sa puissance, étendre son territoire, s'allier contre des ennemis. Au niveau des possédants – nobles, bourgeois –, il s'agissait d'accroître son patrimoine – sa fortune, ses terres. Au niveau des « humbles » – paysans, artisans, ouvriers –, les buts étaient plus pratiques ; en s'associant, la femme et l'homme se partageaient les tâches : à la première, la conception et l'élevage des enfants, les travaux domestiques, au second, le métier et l'apport de ressources.

Le couple sentimental

C'est au XIIe siècle que le sentiment prend de l'importance avec l'invention de « l'amour courtois » en Occitanie (voir *Sexualité, la voie sacrée*, Éditions Albin Michel). Il s'amplifia ensuite avec les légendes arthuriennes dans les îles britanniques et en Bretagne, *Tristan et Iseult* restant longtemps la référence absolue, jusqu'au jour où Shakespeare créa *Roméo et Juliette* au XVIe siècle. Le romantisme prit le relais dans les siècles suivants avec, entre autres, *La Princesse de Clèves*.

À la fin du XIXe siècle, le sentimentalisme atteint son summum et son universalité avec le « mariage d'amour », fruit d'une profusion de « romans d'amour ». Quand le septième art apparaîtra, ses thèmes principaux s'inspireront d'histoires sentimentales.

Nous avons donc derrière nous une longue tradition d'histoires d'amour et nous en sommes profondément pénétrés. Nous pratiquons donc en matière d'union le « tout sentimental », nous sommes atteints d'« hypertrophie sentimentale ». Qu'y a-t-il de mal à cela ? La fragilité du sentiment ! C'est quelque chose de subjectif et qui s'use, plus ou moins rapidement, d'où la brièveté des couples actuels que prouvent les statistiques : comme nous l'avons déjà vu, en région parisienne, sur trois mariages, il y a deux divorces au bout de trois ans, en province, un divorce.

Pas de relais

En vérité, cette évolution douloureuse ne vient pas seulement de l'usure des sentiments mais aussi du fait que dans notre civilisation il n'y a rien pour soutenir le couple et le relayer, rien qui puisse assurer sa pérennité. Vous avez remarqué que les grandes passions que narrent les littérateurs s'achevaient avant que les protagonistes n'aient convolé en heureuses noces et fondé un couple et une famille. Pourquoi ? C'est que les auteurs savaient que les sentiments s'usent et ils ne voulaient pas que leurs héros et leurs héroïnes s'échouent dans un « ménage » qui, forcément, croyaient-ils, deviendrait morose. Ils ont donc fait mourir Iseult, ne pouvant l'imaginer en Madame Tristan, et mourir Juliette ne pouvant l'imaginer en Madame Roméo. Quant à la princesse de Clèves, son mari enfin disparu, croyez-vous qu'elle épouse son amant comme elle en rêvait ? Que nenni, elle le quitte ! Car pour qu'un duo d'amoureux vive au long cours, il faudrait faire appel à des relais qui ne seraient pas très romantiques : à savoir la raison, l'effort.

Du reste il est un mythe romantique qui montre la répulsion de l'Occident pour l'effort en matière de couple, c'est le mythe des âmes sœurs : pour chaque femme, pour chaque homme, il existe sur cette terre un homme, une femme qui lui est prédestiné. Faites l'une pour l'autre, ces âmes ne peuvent que s'accorder et elles n'auront aucun effort à faire pour s'entendre.

Au total nous sommes mal préparés à réussir un couple. Alors que faut-il faire ? Ne pas tout miser sur les sentiments et les doubler de quelque chose qui fasse que le couple ne soit pas dans le vide quand les palpitations du cœur se ralentissent. Qu'est-ce que ce quelque chose, ce relais ?

Les relais

Il en existe de plusieurs sortes :

1. *La « relation » :* établir entre les deux êtres une communication véritable qui soit comme une troisième personne (voir chapitre 18).
2. *Une transcendance :* il s'agit de placer le couple sous l'égide d'une valeur supérieure – « un Principe », une divinité. L'intérêt n'est pas seulement de prendre cette valeur à témoin de l'engagement des partenaires pour le garantir, mais surtout d'offrir un sens à leur union. Nous en reparlerons à la fin du livre.
3. *Les caresses.* « Êtes-vous sérieux ? » me dites-vous. Tout à fait. Rappelez-vous : au bout de trois ans, deux amoureux sur trois se séparent. La première année, c'est l'euphorie, on n'arrête pas de se caresser et de faire l'amour, aussi les neurohormones du plaisir sont à un taux maximum. La deuxième, on est plus calmes, mais c'est bien encore, les neurohormones sont à un taux moyen. La troisième année, on ne se touche presque plus, on s'ennuie, les neurohormones sont à un taux bas. Conclusion : pour maintenir l'attachement entre les partenaires, il faudrait maintenir

le taux des neurohormones à un bon niveau par un échange soutenu de contacts, de baisers, de caresses.

Revoyons ce scénario à la lumière de la biochimie de l'amour. Rappel : la dopamine est la neurohormone du plaisir, elle augmente la libido, rend amoureux, stimule la bonne humeur, donne de l'allant ; elle est sécrétée surtout au cours de l'orgasme, mais aussi au cours des divers contacts agréables (caresses, baisers, etc.). L'ocytocine est la neurohormone du plaisir et de l'attachement affectif ; elle a les mêmes vertus que la dopamine avec quelques nuances : elle accroît la réceptivité sensuelle et procure une paix intérieure, et surtout elle lie fortement les partenaires entre eux ; sa sécrétion est déclenchée par l'orgasme, mais surtout au cours des contacts agréables. Au cours de l'orgasme, les taux de dopamine et d'ocytocine montent en flèche puis redescendent très vite pour la dopamine, moins vite pour l'ocytocine. Lorsque les taux redeviennent bas, l'humeur change : blues, morosité et anxiété apparaissent. Si les taux baissent encore, c'est de l'irritabilité, une baisse d'affection et un désintérêt pour le sexe qui se feront jour.

Au cours de la première année – celle de l'état de grâce parfait – les amoureux sont euphoriques, l'amour, l'humeur et la libido sont au maximum ; on n'arrête pas de se câliner et de faire l'amour ; le taux des neurohormones est élevé et reste élevé. Au cours de la seconde année, les amoureux sont heureux mais plus calmes, l'amour, l'humeur et la libido font des montagnes russes, comme la courbe des neurohormones qui montent et descendent ; on espace les coïts et les câlins. Au cours de la troisième année, les amoureux s'ennuient, l'amour s'étiole, l'humeur est morose, la libido s'éteint. On fait rarement l'amour, on se touche très peu. Le taux des neurohormones est à marée basse, hormis quelques lames de fond.

Pour que les amoureux soient bien ensemble et restent ensemble, il faudrait que les neurohormones se maintiennent à un bon niveau. Pour cela, les partenaires devraient faire l'amour tous les jours, comme aux premiers temps – ce qui du reste est possiblequand on connaît « la caresse intérieure » (voir *L'homme (nouveau) expliqué aux femmes*, Leduc.s Éditions) ; mais il existe une solution plus simple : se donner moult caresses, baisers, étreintes, marques de tendresse et mots affectueux, bref se toucher beaucoup au sens propre comme au figuré, ce qui accroît particulièrement le taux de l'ocytocine, hormone de l'attachement.

Un autre relais : l'amitié. Ce qui fait un couple heureux, c'est l'amitié, pas la passion. Un couple, c'est des amis qui font l'amour ensemble.

Une dernière précision : après l'orgasme avec éjaculation, apparaît chez l'homme une hormone dite de la satiété : la prolactine. Elle entraîne une baisse de la libido, une humeur anxieuse et dépressive. L'ocytocine s'oppose à ces effets négatifs, donc, raison de plus pour se câliner. Quant à la prolactine, on peut la réduire en contrôlant le réflexe éjaculateur.

Troisième partie

Transformer la relation

Bien entendu, si on a fait un bel effort de transformation de soi-même, il faut néanmoins également améliorer la relation avec l'autre. En particulier apprendre à communiquer et nous verrons que le plus important est de savoir écouter.

18

Construisez une relation de qualité

En matière d'amour il faut distinguer le sentiment et la relation, le sentiment étant ce qui attache les aimants l'un à l'autre, la relation ce qui s'échange entre eux et la façon d'échanger. Ce sentiment est le lien, la relation est ce qui circule à travers ce lien qui est comme un conduit.

Dans l'état amoureux, le sentiment et la relation sont quasi confondus : on s'aime intensément et tout ce que l'on échange concerne l'amour et est à base d'amour : les paroles, les gestes, les regards. Quel que soit le sujet, on cherche à se faire aimer, à donner de l'amour et à faire plaisir. C'est la fusion, l'unité.

La relation s'établira de façon distincte lorsque chacun aura repris sa vraie personnalité. On constate alors qu'on peut s'aimer beaucoup et s'entendre moyennement, voire mal, c'est-à-dire avoir des relations qui manquent de fluidité. C'est le moment de s'intéresser à ce qu'est la « relation ».

Il faut la considérer comme une entité, voire une troisième personne : « Il y a toi, il y a moi et il y a la relation » ; cette entité il faut la soigner et la considérer. Une bonne relation se construit sur un comportement respectueux, attentif, tendre. Il est fait d'échanges verbaux authentiques et riches, porteurs d'émotions, de réflexions, de propositions, de demandes, de partages d'expérience. Chacun écoute, chacun entend et s'efforce de comprendre l'autre. Chacun sait qu'il pourra se dire et qu'il sera écouté sans être jugé et a fortiori rabaissé, et il sera aidé si nécessaire. La relation peut être également non verbale : c'est un comportement, ce sont des gestes qui marquent à la fois l'attention, l'attachement et le respect de l'autonomie de l'autre.

La relation, peu à peu, double les sentiments, et s'il arrive que ceux-ci décroissent, c'est elle qui va assurer plus sûrement la continuité du couple. Ce qui va permettre aux deux êtres de demeurer ensemble à long terme et de façon agréable et vivante, c'est la qualité de la relation. « Il ne suffit pas que j'aime l'autre, écrit Jacques Salomé, encore faut-il que j'aime la relation qu'il me propose et qu'il apprécie la relation que je lui offre. »

La communication est le moyen le plus direct de « relationner ». Je parlerai d'abord du « savoir-écouter », avant le « savoir-dire », car c'est l'écoute qui manque le plus. Le plus souvent nous écoutons à peine et déjà nous préparons la réponse, la réplique, devrait-on dire. C'est un dialogue de sourds, une partie de ping-pong où chacun se renvoie la balle, laquelle peut être explosive et blessante.

19

Une bonne communication – Savoir écouter

Il faut apprendre à écouter et à entendre, entendre tout ce qui est dit et seulement ce qui est dit, sans interpréter, déformer, tamiser (c'est-à-dire ne retenir qu'un mot, qu'une phrase), d'autant plus que, fréquemment, nous interprétons ou tamisons en notre défaveur : nous sommes persuadés qu'on ne peut que nous dire des choses désagréables, indignes que nous sommes d'être aimés.

C'est pourquoi je vous conseille, avant de vous emballer ou de vous désespérer, de vous assurer que la chose a bien été dite. Soit vous demandez à votre partenaire de répéter ce qu'il a dit, soit vous reformulez la phrase et lui demandez de confirmer si c'est bien cela qu'il a dit.

La femme veut être écoutée, écoutée, écoutée. Elle ne veut pas de solution.

Entendre, c'est aussi entendre, au-delà du contenu du discours, la personne qui parle. Il faut saisir pourquoi elle dit cela à cet instant, quel est son vécu, son ressenti, ses inquiétudes. Il faut savoir qu'il est important pour elle d'exprimer ses émotions, de formuler son désir.

Décidez alors de donner à l'autre de l'attention et du temps. Décidez de l'accueillir vraiment, et même, un jour, décidez de ne pas répondre, de ne pas riposter, vous serez étonné de l'effet que cela aura sur vous, sur l'autre.

Gérer ce qu'on entend

Si le message entendu était négatif, il vous faut gérer l'impact émotionnel qu'il a sur vous et votre envie de réagir vivement. Dans ces émotions pénibles – douleur, haine, peur voire panique –, faites la part entre ce que le message a de réellement négatif et ce qu'en font vos blessures d'enfance – les amplifier, les déformer. Demandez-vous ce qui a été réveillé de votre passé douloureux. Si vous ne faites pas cette gymnastique mentale, le retentissement en vous de l'émotion vous poussera à une réaction : mots et gestes plus ou moins agressifs voire violents. Alors, s'ouvre ou se perpétue un cycle destructeur.

Ayant ramené vos émotions à de plus justes proportions, que vous faut-il faire du message négatif ? Vous en débarrasser, surtout s'il contient une dévalorisation ou une accusation ou une manipulation ou bien le refuser : « Ce que tu me dis ne me concerne pas, je ne le prends pas, je te le laisse ». Ou bien le restituer aussitôt que possible : « Le jugement que tu as porté sur moi ne m'appartient pas, je ne veux pas le garder, je te le rends », ou encore l'évacuer symboliquement : prenant un récipient qui fera office de poubelle, vous y déposez un billet sur lequel vous avez inscrit le message négatif. Si vous ne faites pas ce travail de dépollution, tout ce qu'il y a de négatif dans le message continuera de nourrir votre mésestime de vous-même, vos ressentiments, vos peurs, vos angoisses.

La femme voudrait être écoutée de son homme, comme le ferait sa meilleure amie.

Il existe enfin une dernière façon de vous comporter face à des propos critiques, c'est de les accueillir sans vous insurger, ni répondre, dans le but d'en faire votre profit. Par exemple, si on vous accuse d'être dépensier, dites posément : « Tu penses que je suis dépensier ? C'est peut-être vrai, je vais y réfléchir », et vous vous éloignez calmement ou même sortez de la pièce. Premier bénéfice : le conflit est aussitôt désamorcé ; deuxième bénéfice : vous vous donnez la chance de vous remettre en cause, de regarder en face votre part d'ombre et donc de progresser.

20

Une bonne communication – Savoir dire

Tu es radin », « Tu ne penses pas à moi », « Tu fais semblant », « Tu es égoïste », « Tu es ceci, tu fais cela, tu penses encore que, etc. ». Tous ces « tu » tuent la relation, affirme justement Jacques Salomé.

Dire « tu » est une imposture, c'est mettre sur le compte de quelqu'un, imputer à quelqu'un un défaut, un acte, une pensée, une émotion sur la seule base de notre appréciation, pour la seule raison qu'on le voit et le décide ainsi. Parler de cette manière ce n'est pas parler avec l'autre, c'est parler sur l'autre.

À y réfléchir, ce « tu » comporte en réalité plusieurs aspects préjudiciables à une bonne relation : dire « tu », c'est émettre un jugement, voire une accusation – « encore une fois tu mens ». Dire « tu » c'est faire une projection sur l'autre d'un de nos travers – « tu cherches à me rouler » ; si nous l'avons si bien repéré ce travers, c'est qu'il existe chez nous ; et si nous ne l'aimons pas chez l'autre, c'est que nous ne l'aimons pas chez nous. Enfin, dire « tu » peut être le moyen de manipuler l'autre et, ici, les déclinaisons sont nombreuses : manipulation par dévalorisation – « décidément tu rates tout », sous-entendu « laisse-moi faire » –, par culpabilisation – « tu me rends malheureux(se) », sous-entendu « en te faisant honte, je vais faire de toi ce que je veux » –, par chantage – « si tu tenais à moi, tu… » –, par menace – « si tu continues, tu le regretteras ».

Tous ces « tu » ne sont pas dignes d'une relation d'amour et ils entraînent chez l'autre, soit une action forte, et donc des conflits, soit une soumission, et alors de la rancœur. Tout cela est contraire à l'épanouissement du couple

Abandonnons le « tu »

N'utilisons plus le « tu » et n'admettons plus qu'on l'utilise sur nous. Adoptons le « je », non le « je » écrasant de l'ego, mais le « je » de positionnement qui nous responsabilise et informe l'autre. C'est le « je » qui exprime mes émotions (mes souffrances, mes craintes, mes déceptions), qui formule mes avis, mes opinions, mes pensées, qui fait part de mes besoins et de mes souhaits.

« Je te préfère avec les cheveux longs » au lieu de « Tu es moche avec tes cheveux courts ». « Je suis inquiet pour notre budget » au lieu de « Tu es franchement dépensière ».

21

Apprenez à gérer les conflits

La rencontre de deux êtres est la rencontre de deux passés, eux-mêmes doubles (passé simple, c'est-à-dire la vie de l'individu, et passé composé, c'est-à-dire sa généalogie), de deux caractères, de deux éducations, de deux constellations de goûts, de deux philosophies de vie. Il en résulte des similitudes et des affinités, mais aussi des divergences et des oppositions. De ces dernières naissent des conflits, mais les conflits sont normaux dans un couple, même si on s'aime beaucoup. C'est une croyance erronée et dangereuse de penser que si l'on s'aime, on est toujours d'accord. Les principales causes de conflits sont par ordre d'importance : l'argent, les enfants, la belle-famille, les tâches ménagères et la sexualité.

Ce qui importe c'est de trouver des solutions, car un conflit bien géré fait grandir le couple, alors que mal géré, il peut le détruire : il se répétera et laissera des traces de plus en plus profondes, accumulant frustrations, incompréhensions, dévalorisations, fausse soumission.

La dispute

La dispute éclate à l'occasion d'un mot ou d'une attitude qu'on ne supporte pas parce qu'on se sent frustré, incompris, dévalorisé, voire humilié, accusé injustement, dominé, trahi. Souvent, l'éclat avait été précédé de mini-événements qui avaient mis les protagonistes en tension. Ils réagissent par mots et par gestes de façon plus ou moins forte, voire violente, pour exprimer leur souffrance, parce que quelque chose de très douloureux a été touché, pour réclamer la justice, parce que ce qui a été dit est trop injuste, pour crier leur frustration parce que ce dont l'autre les a privés est trop important. Sans doute veut-on blesser l'autre comme il nous a blessé.

Gérer le conflit

Il s'agit ici d'appliquer tout ce que j'ai dit de l'art de la communication. Rappelez-vous :

- Savoir écouter et entendre vraiment et, spécialement, entendre le ressenti et le vécu de l'autre.
- Éviter le « tu » qui « tue », utiliser le « je » qui responsabilise.
- Éviter les projections, c'est-à-dire, d'affubler l'autre de nos propres défauts.
- Savoir recevoir des propos négatifs sans répliquer automatiquement.
- Éviter ou, en tout cas, atténuer le réactionnel : s'abstenir de phrases tueuses et de gestes violents. Ne pas prendre de décisions hâtives. Le désarroi est mauvais conseiller.
- Se rappeler que ce sont nos blessures d'enfance qui majorent nos émotions et spécialement nos souffrances.

On peut même dire que ces blessures sont à la base de la dispute : la situation déclenchante est assimilée inconsciemment à un événement infantile, alors se réveillent les peurs de perdre l'amour, d'être abandonné, d'être frustré au bénéfice d'une sœur, d'un frère, etc. Une fois encore, s'impose la nécessité de travailler sur les origines archaïques de nos souffrances et de faire la part des choses dans les emballements émotionnels, en un mot, de faire un travail de conscientisation. Alors vous constaterez que la situation actuelle n'a rien à voir avec le passé, que le partenaire n'est pas aussi odieux que vous le sentiez et que votre désespoir n'est pas aussi fondé que vous le pensiez.

Ainsi, gérer un conflit, ce n'est pas seulement trouver une conciliation et une réconciliation, c'est aussi faire un sacré progrès de conscience.

Il vous faudra aborder autrement le conflit et le vivre non comme un affrontement mais comme une confrontation. Dans l'affrontement, chacun s'oppose à l'autre et ne cherche qu'à le vaincre, à avoir le dessus ; l'un a forcément raison, l'autre tort et il y a obligatoirement un vainqueur et un vaincu. Dans la confrontation, chacun donne son point de vue sans animosité, on oppose les deux points de vue, on constate les différences, on cherche un ajustement, et on conclut : ou bien il y a accord et tout va bien, ou bien il n'y a pas d'accord et on décide de laisser les choses en l'état ou de les reprendre ultérieurement. On constate souvent que, par la suite, les choses étant bien conscientisées et désamorcées, elles mûrissent positivement.

Le couple est le seul champ de bataille où l'on couche avec l'ennemi.

La solution

Écoutons l'aphorisme optimiste qui affirme qu'« il n'y a pas de problème, qu'il n'y a que des solutions ». En tout cas, il faut trouver la solution gagnant-gagnant où chacun trouve une satisfaction. Notez qu'il ne s'agit pas forcément de gagner tous deux sur le même plan. L'un peut gagner sur un plan – par exemple désirer faire l'amour plus souvent – et l'autre, sur un autre plan – être plus tendre. Ce qu'il faut éviter, c'est qu'il y ait un perdant. Celui qui perd le fait payer un jour ou l'autre à son partenaire.

Pour désamorcer un conflit, il faut savoir arrêter l'escalade des répliques. L'un des deux – le moins affecté – décide de s'arrêter. Il fait preuve d'humour par rapport à lui-même ou à la situation, et preuve d'amour en donnant raison à l'autre et en le prenant dans ses bras. Paris valait bien une messe (Henri IV), la paix vaut bien de renoncer à avoir raison. Donner parfois le pouvoir à l'autre n'est pas se soumettre.

22

Quand la parole est d'or

Quand c'est bien, faut le dire

Encore un adage de ma mère-grand. Dans un couple, il faut se faire des compliments : dire combien est élégant le nouveau chemisier, combien est délicieux ce plat mitonné, comme est joli le volet repeint, comme sont magnifiques les roses offertes, fêter et féliciter pour la promotion récente.

> ***Il faut arroser les fleurs, pas les mauvaises herbes, c'est-à-dire faire plus de compliments que de reproches.***

Il faut aussi remarquer et souligner les progrès de conscience : « Je te trouve plus patient », « J'apprécie tes efforts pour être moins jalouse », « J'ai été épaté par ton courage », etc. Ces compliments sont des caresses de l'âme et de l'oxygène pour la flamme de l'amour.

> ***Chaque fois que je dis à l'autre des propos agréables – je t'aime par exemple – ça me rend plus aimant, quelque chose de positif s'imprime dans mon cerveau.***

Parle-lui

Se saouler réciproquement de paroles est épuisant, mais se tenir dans un silence permanent est asséchant. C'est pourtant ce vers quoi tendent les couples à la longue, à l'image de ces hommes et ces femmes qu'on voit attablés au restaurant dans un silence qui n'a d'égal que leur ennui. Ils semblent n'avoir plus rien à se dire.

Au cours de l'état amoureux, on a tout à se dire : on déclame ses grands sentiments, on raconte son passé, on expose ses goûts et ses dégoûts, on décrit ses rêves et ses projets. Mais plus tard on croit s'être tout dit et se connaître par cœur. Alors on se tait et le couple glisse vers la crypte des amours mortes. Il faut donc réagir à temps.

Dans le partenaire, il y a un ami et un ennemi. Chaque fois que je lui dis des mots positifs, j'agrandis l'ami.

Des sources intarissables

C'est une erreur de croire s'être tout dit et que l'on ne fait plus que rabâcher. Il ne tient qu'à nous d'être des sources toujours nouvelles l'un pour l'autre. Il est un premier moyen de se renouveler, c'est de faire un travail sur soi, sur son inconscient, sur sa psychogénéalogie. Nous avons le choix entre des dizaines de méthodes d'exploration de notre personnalité. Or non seulement c'est passionnant d'approfondir la connaissance de soi et de se comprendre toujours mieux, plus finement, mais, de plus, cette exploration va nourrir les conversations avec l'autre : ce qu'on découvre en soi va ouvrir à l'autre, va rendre plus curieux de l'autre, va faire qu'on le comprendra mieux également, et au-delà de l'aimé(e), va nous donner un autre regard sur les tiers, les enfants, etc. C'est dire qu'alors les échanges sont infinis.

Parler c'est comme jouer à la balle au mur : il nous revient ce qu'on a envoyé.

Chaque fois que je dis à l'autre que je l'aime, ça le rend plus aimable.

Il est un autre moyen de se renouveler, c'est de s'enrichir sans cesse de ce qu'offre le monde extérieur, de régénérer ses connaissances à partir des sciences et des arts. Les livres, les spectacles, les conférences, les concerts, les stages, les voyages, etc., font de nous des arbres féconds. Reste à partager nos fruits avec notre aimé(e). Bref on a toujours beaucoup à lui dire si on le veut.

Connaître l'autre « par cœur »

C'est une erreur aussi de croire connaître l'autre « par cœur ». Un être humain est tellement complexe, fait de multiples facettes, de moult pelures. Pour découvrir toute la richesse de votre partenaire, écoutez-le mieux, interrogez-le davantage, soyez plus curieux de lui. Bien souvent il y a des facettes de l'autre qui nous échappent.

J'ai le souvenir d'une patiente – Katia – dépressive « sans raison », disait son mari qui l'accompagnait, « on gagne bien notre vie, nous avons des enfants adorables, elle a un job pas passionnant mais sûr ». Quand Katia revint seule, je lui demandai ce qu'elle aurait le plus plaisir à faire et qu'elle n'avait pas pu faire. « Peindre », me répondit-elle. « Mes parents n'ont pas voulu que je fasse une école d'art et mon mari ne s'est même jamais arrêté devant un de mes tableaux. J'ai cessé de peindre. » Je lui ai demandé de me rapporter une de ses toiles. J'ai été emballé. « Je cesse de vous donner un traitement et vous me montrez une nouvelle toile toutes les trois semaines. » Après quelques mois, je lui dis : « Maintenant, vous faites une exposition. » Succès. Katia est guérie et son mari a découvert une nouvelle femme dont une facette vitale lui avait échappé.

Parfois si on connaît « par cœur » la personne avec qui l'on vit, c'est parce qu'elle s'est arrêtée de progresser, de s'ouvrir, de s'enrichir, de se multiplier. Elle vit dans la routine, repliée sur elle-même, elle radote les mêmes histoires, est bétonnée dans les mêmes pensées. On ne peut que lui souhaiter qu'un événement important fasse éclater sa sclérose et la projette à nouveau dans la vie, dans l'amour, dans la conquête. Souvent, c'est une infidélité de l'un ou de l'autre qui crée le séisme salvateur.

Le silence est de plomb

Ne pas dire ce que l'on ressent, ne pas exprimer ses émotions, ses joies comme ses tristesses, ses satisfactions comme ses frustrations, ne pas formuler ses désirs ou ses oppositions, bref se taire, éteint le couple un peu plus chaque fois. Le pire est de refouler ses émotions négatives, car si, apparemment, tout va bien, en réalité les rancœurs accumulées pourrissent le couple de l'intérieur.

Le silence des hommes en particulier frustre les femmes. Le principal reproche de celles-ci quand elles prennent l'initiative d'une séparation – dans 80 % des cas ce sont elles – est le suivant : « Il ne me parle pas, il ne m'écoute pas. » Il est vrai que l'homme parle peu de lui, de ses émotions, de ses sentiments, c'est-à-dire de la sphère privée et intime. C'est le résultat d'une éducation multimillénaire qui visait à en faire un « dur » afin qu'il pût tenir ses rôles de chef, de chasseur, de guerrier. Je conseille vivement aux hommes de se dire plus,

Le silence de son homme est pour une femme la pire des choses : c'est un rejet, c'est une fuite. Pour l'homme, son silence est ce qu'il a de mieux à faire : c'est une protection, un refuge contre le stress.

Les larmes des femmes – quand elles « chialent » – est ce qui indispose le plus les hommes. Au mieux, ils se sentent impuissants, au pire, ils se sentent accusés. En plus, ça les stresse, donc ils se ferment. De la part de la femme, c'est un appel à ouvrir un échange. La prendre dans les bras et l'écouter est sans doute la bonne attitude.

de se confier davantage. Du reste, les « hommes nouveaux » qui ont libéré leur *anima* et osent s'ouvrir sont adorés des femmes.

Apprenez à parler « femme », à parler « homme »

S'il est des différences qu'il est bon de sauvegarder entre la femme et l'homme, car elles génèrent l'intérêt qu'ils se portent réciproquement, il est toutefois des domaines où un effort de rapprochement est souhaitable : la communication en est un, car c'est la compréhension intersexe qui en dépend.

De nombreuses études (voir *Décidément tu ne me comprends pas*, de Déborah Tannen aux Éditions Robert Laffont) ont montré que la femme et l'homme parlaient un langage différent, parce qu'ils avaient une conception différente de la vie. De fait, leur façon de parler et le contenu de leur conversation sont vraiment différents.

Pour la femme, la vie consiste à créer des liens, à coopérer. Les rapports humains sont symétriques, égalitaires. Tout entretien a pour but de se rapprocher, de se comprendre, de partager, de se soutenir. La conversation n'est pas hiérarchisée. L'interlocuteur est un semblable, donc un allié potentiel avec qui on cherche un consensus et non un affrontement.

Pour l'homme, la vie est une lutte pour affirmer sa domination avant que d'être dominé. Les rapports humains sont asymétriques, l'autre n'est pas son égal. Tout entretien est une compétition destinée à acquérir le statut de supérieur. La conversation est hiérarchisée, l'interlocuteur est un supérieur ou un subalterne, de toute façon c'est un adversaire sur qui il faut avoir le dessus d'une façon ou d'une autre.

En ce qui concerne le contenu du discours : la femme parle des personnes. D'elle-même – ses émotions, ses joies, ses chagrins, ses craintes, etc., c'est-à-dire qu'elle fait des confidences, dit son monde intérieur, ses secrets – et des autres – son mari, ses enfants, ses parents, c'est-à-dire des gens de l'intérieur –, à propos de leurs sentiments, de leur santé, etc.

Le discours de l'homme porte sur l'action – le travail, la technique, le sport, l'automobile – et sur l'abstraction – la politique, la philosophie. Il informe ou discourt. Par contre il ne parle pas de problèmes personnels (émotions, sentiments, etc.), il ne se confie pas, ne dit pas ses secrets, parce qu'il ne veut pas se mettre en position d'infériorité et de vulnérabilité. Et puis l'homme a un lourd passé de répression de sa sensibilité. Son éducation patriarcale avait pour but d'en faire un « dur » à une époque (toujours actuelle) où l'homme était un loup pour l'homme.

Bref, la parole de la femme est tournée vers l'intime et a pour but de se faire aimer, celle de l'homme, dirigée vers l'extérieur et destinée à se faire respecter.

Les origines préhistoriques de ces différences sont tout à fait passionnantes à découvrir. Je vous renvoie à mon ouvrage *De la peur à l'amour*, Éditions J'ai Lu.

Parler femme, ce serait pour l'homme être plus proche de la vie et de ses palpitations, avoir des échanges plus fluides, plus consensuels, plus coopératifs, s'intéresser à l'intime, dire ses émotions, entendre celles des autres. Parler homme, ce serait pour la femme élargir ses thèmes à la vie publique, à la technique, à la métaphysique, etc. Mais déjà, beaucoup d'hommes « nouveaux » et de femmes « nouvelles » ont avancé dans cette démarche.

23

Tout n'est pas bon à dire

Tout n'est pas bon à dire », sage expression qui s'oppose à la croyance « Dans un couple on doit tout se dire », qui, elle, relève d'un faux idéalisme, cause de bien des déboires.

Votre aimé(e) n'est pas une poubelle, vous non plus

Ce soir-là, vous rentrez du travail tourmenté, quelque chose s'y est mal passé. Vous racontez vos déboires à votre conjointe qui vous écoute et vous remonte le moral. Trop affecté, vous en reparlerez tout au long de la soirée. Le lendemain et le surlendemain, les choses ne s'améliorent pas au bureau et le soir, vous récidivez vos plaintes, mais votre partenaire ne vous écoute plus que de façon distraite et ne vous donne plus de paroles de réconfort.

Autant il est normal de confier ses soucis à son proche, autant il est nocif pour le couple de rabâcher ses doléances. À force de déverser nos énergies négatives sur l'autre, on risque de détruire ses énergies positives. Pas étonnant qu'il se protège et vous fuie. Notre conjoint n'est pas une poubelle.

Fantasme es-tu là ?

Une nuit vous ne pouvez plus vous retenir de confier vos fantasmes à votre aimé, les *hard*, j'entends, car les *soft*, vous les lui avez déjà exposés. « Ce sera une bonne façon d'éviter la routine », dites-vous. Vous rêvez, chuchotez-vous, de mettre dans le lit conjugal votre voisine de palier, Rita, la belle rousse aux yeux de jade. D'ailleurs, c'est à elle, précisez-vous, que vous pensez parfois pour vous exciter en faisant l'amour. Il vous arrive aussi, confiez-vous sur un ton plus bas, d'imaginer mettre sur cette couche commune Léon, le garçon charcutier, qui alors s'ingénie à faire subir à votre adorée de menues tortures. Enhardi par le silence de celle-ci, vous lui suggérez qu'on pourrait envisager de réaliser ces scénarios fantasmatiques. « Ça changerait de l'ordinaire, on jouirait très fort, on s'aimerait plus encore. »

Alors ne vous étonnez pas si votre compagne se crispe soudain et s'écarte de vous. « Ainsi quand je croyais que tu étais si bien avec moi, tu étais avec la voisine, quand je croyais qu'on ne faisait plus qu'un, on était trois. Et quand je croyais qu'on communiait dans une même ferveur, tu m'offrais en pâture à ce Léon ! Mon pauvre ami, il faut te faire soigner ! »

Désormais, votre femme ne pourra plus s'abandonner à vous sans réserve, ne sachant si c'est à vous ou à Rita que vous faites l'amour. Et son regard inquiet et soupçonneux signifiera qu'elle se demande si l'homme tant aimé, n'est pas à vrai dire un psychopathe.

Les fantasmes, c'est quelque chose de normal ; ils viennent tout seuls et servent à renforcer la libido et à booster le plaisir jusqu'au zénith, mais ils sont une production du cerveau et ils doivent y rester. Il ne faut ni les dire, ni les réaliser, *a fortiori* les *hard* ; les confier et vouloir les concrétiser vous attirera des complications : des brouilles avec votre conjointe et des besoins de fantasmes de plus en plus *hard* car la réalisation est décevante et les sensations s'émoussent vite.

D'ailleurs si vous n'avez pas de fantasmes et que votre vie sexuelle est épanouie, tout est bien. Il ne faut pas vous laisser manipuler par le terrorisme du fantasme obligatoire (voir *À vous le 7e ciel*, Quotidien Malin Éditions).

Une vraie fausse franchise

Vous avez « commis » une infidélité. Vous n'en pouvez plus de garder ce secret pour vous, et vous décidez de l'avouer à votre partenaire « au nom de la franchise », dites-vous. À vrai dire, votre motivation n'est pas aussi claire que cela : vos aveux ont pour but de vous soulager de ce poids et d'une certaine façon d'alléger votre culpabilité, qu'importe si votre partenaire en souffre. Peut-être même voulez-vous le faire souffrir, afin qu'il expie quelque tort qu'il vous aurait fait.

De toute façon pour souffrir, il souffrira : la découverte de l'infidélité du conjoint est une des plus grandes souffrances qu'un humain puisse éprouver. La mémoire de cette douleur est indélébile et perturbera la relation même si le pardon est accordé et la page tournée. Désormais votre partenaire portera un regard différent sur vous, aura moins de spontanéité, moins d'abandon, moins d'admiration. Ses yeux chercheront un désordre dans vos vêtements, un cheveu perdu à leur surface, ses narines humeront mine de rien quelque trace de fragrance. Si vous rentrez tard, il manifestera de l'inquiétude et de la mauvaise humeur.

Vous auriez dû vous taire ? Assurément, ne pas dire, ce n'est pas forcément de la cachotterie, et dire, pas vraiment de la vertu. Nous en reparlerons au chapitre 24 sur la fidélité.

24

Réflexions sur la fidélité

Le mariage avec fidélité obligatoire a été fondé par les hommes au cours du patriarcat dans un but bien concret : répartir les femmes entre les hommes – à chacun sa chacune – pour assurer l'ordre social. Quant à l'obligation de fidélité, elle assurait à l'homme que son nom et ses biens – son patronyme et son patrimoine – iraient bien à un enfant légitime, issu de l'union officielle, et non à un bâtard. Cette fidélité obligatoire était garantie par les peines extrêmes encourues en cas d'infidélité : répudiation, châtiments physiques et même mort (lapidation, bûcher, décapitation). Notons que l'homme n'exigeait pas la fidélité pour lui, et s'autorisait nombre de concubines et de maîtresses.

La nouvelle fidélité

La fidélité obligatoire sous l'égide de l'État ou d'une religion existe toujours mais les sanctions ont disparu. Mais ici je veux vous parler d'une « nouvelle fidélité » : c'est un choix libre de la personne en son propre nom, un engagement personnel que n'imposent ni la société, ni la religion, ni même le partenaire et qu'on n'exige pas du partenaire. Cet engagement, on le prend par rapport à soi-même, parce qu'on trouve la décision juste et bonne

Pourquoi aller chercher un problème à l'extérieur alors qu'on en a un si beau à la maison.

pour soi, parce qu'on y trouve des avantages. Cette fidélité sera avant tout une fidélité par rapport à soi.

Quelle importance, quels bénéfices à la fidélité ?

Quelques auteurs avancent que la fidélité est une notion dépassée, une entrave à la liberté. Si effectivement la fidélité de contrainte n'est plus admissible, la fidélité en soi présente pour le couple et ses deux partenaires nombre d'avantages. D'ailleurs les gens ne s'y trompent pas puisque des enquêtes révèlent que 67 % des sondés affirment que la fidélité est la condition pour réussir un couple, et ceux qui ont connu des expériences de « couple ouvert », redécouvrent certains bénéfices et bienfaits de la fidélité choisie.

- La fidélité constitue un suprême **témoignage d'amour** : « En étant fidèle à toi que j'aime, je te dis que, à mes yeux, tu vaux plus que tout autre. »
- La fidélité permet d'**investir toute son énergie** dans la construction de son couple, car former un couple réclame beaucoup d'énergie physique et psychique, ce qui, ajouté à celle qu'exige la vie actuelle, amène les êtres à leurs limites, limites qui seraient dépassées en cas de double vie.
- La fidélité offre **la sécurité et la stabilité** nécessaires à l'épanouissement du couple et de la famille. L'insécurité qu'entraînerait la peur d'être quitté rendrait impossible l'harmonie nécessaire.
- La fidélité favorise **l'épanouissement sexuel**. En permettant la durée, elle permet l'ajustement optimal des partenaires : une meilleure connaissance érotique réciproque, l'éveil des zones érogènes du vagin, le raffinement des échanges ; et elle incite à la créativité afin « d'être avec sa partenaire comme avec trente femmes (ou hommes) différentes », comme le dit le Kama-sutra. Enfin, la pratique de la sexualité avec une seule personne donne à cette activité son aspect « unique », voire sacré.

- La fidélité c'est aussi le choix d'**assumer ses responsabilités** : prendre en considération les conséquences prévisibles d'une infidélité pour tous les êtres impliqués – le conjoint, les enfants –, d'autant que ces conséquences se révèlent le plus souvent inéluctables. Après des débuts enivrants, l'infidélité devient fréquemment une machine à broyer les personnes.
- La fidélité, c'est opter pour un **chemin de progrès de conscience**. Face aux problèmes que révèle en chacun la vie de couple – mésestime de soi, besoin insatiable d'être aimé, peurs, possessivité, névrose d'abandon, etc. – deux voies s'offrent : 1) La fuite : chercher hors du couple d'autres consolations et compensations. Par exemple, prendre une maîtresse pour étancher son besoin inextinguible d'être aimé. Vaine tentative de trouver hors de soi des solutions, tentative qui laisse immature. 2) Le travail sur soi, travail de conscientisation de sa part d'ombre qui mène à une maturation qui sera acquise pour la vie, et induit une harmonisation du couple.
- La fidélité permet de **choisir la liberté** : ne plus être le jouet des tribulations de nos émotions et des à-coups de nos pulsions, et, plus généralement, ne plus nous laisser manipuler par notre part d'ombre.
- La fidélité nous fait accéder à une **forme de transcendance** propre aux humains : c'est un « idéal », un rêve d'absolu, une aspiration à s'élever, une haute idée de l'amour qu'on veut exclusif et éternel. Les ados à qui je dédie ce livre et qu'on croit à tort peu romantiques, rêvent de fidélité et d'éternité.

Les conséquences de l'infidélité

Trois personnes au moins sont concernées par l'infidélité : le conjoint infidèle, sa maîtresse, la conjointe habituelle qui finira par apprendre le fait. Une quatrième personne sera concernée un jour : le partenaire de l'amante, s'il existe. Les enfants pourront aussi être impliqués. Prenons le cas de figure d'un mari qui trompe sa femme, il suffira d'inverser les rôles pour voir ce qui se passe quand une femme trompe son mari.

L'infidélité est la cause n° 1 des divorces. 60 % des séparations sont consécutives à une infidélité.

Conséquences pour l'infidèle

Dans un premier temps, il est heureux : il connaît les joies psychiques et physiques d'un nouvel amour, il trouve des satisfactions que ne lui procurait pas sa conjointe.

Mais il ne tarde pas à souffrir de ne pas pouvoir rencontrer sa belle autant qu'il le voudrait – difficile de toujours considérer le verre à moitié plein –, il ne peut la voir le soir, la nuit, les week-ends et durant les vacances, temps qu'il doit consacrer à la conjointe légitime et à la famille. Autrefois, il n'aurait même pas pu lui téléphoner au cours de ces périodes ; maintenant, grâce au téléphone portable, les amants peuvent se contacter plus facilement. Mais cet engin peut aussi les trahir s'il est chipé par l'épouse. Combien de maris, combien de capiteuses, partis joyeux pour de courtes fredaines n'ont-ils pas été trahis par la mémoire de leur portable !

À cette tristesse des absences, s'ajoutera un jour un épuisement nerveux : mener une vie double oblige à dépenser beaucoup d'énergie au risque d'un surmenage, et à subir de multiples stress liés aux complications qui s'accumulent au péril de l'équilibre psychique. Fatigue, anxiété, insomnie, dépression s'ensuivent.

Des complications ? Elles sont inévitables ! La maîtresse souffre par trop des absences et se lasse d'avoir la portion congrue ; elle réclame plus, voire elle réclame tout.

Ce n'est pas qu'elle veut qu'il divorce, mais elle veut qu'il passe ses jours et ses nuits avec elle… L'épouse, elle, ayant découvert la « trahison » souffre et ses larmes sont insupportables ; mais le pire, c'est qu'elle finit par déclarer : « C'est elle ou c'est moi », quand ce n'est pas « C'est elle ou tes enfants ». Déchiré entre les souffrances, les récriminations et les revendications de l'une et de l'autre, le pauvre infidèle ne sait à quel saint se vouer.

Conséquences pour la maîtresse

Elle était seule ou, si elle était en couple, était insatisfaite. Elle aussi retrouve l'amour, ses exaltations, ses voluptés. Il n'empêche qu'au bout de quelque temps elle trouve les soirées longues et les week-ends interminables. Se repasser en boucle les heures brûlantes ne lui suffit plus, elle veut davantage. Mais son amant prétend qu'elle a la meilleure place : elle est aimée, elle, et passionnément. Ils sont vraiment bien ensemble, ils s'attachent. Envie de vivre à deux. Lui, il en chasse l'idée : impossible. Elle, elle rêve tout haut et lui demande un avenir. Il le lui promet, mais il promettrait la lune tant ils jouissent ensemble. Elle lui rappelle de temps en temps sa promesse ; « je n'ai pas changé » répond-il.

Un jour, sa femme découvre la liaison, c'est la guerre à la maison. Il prolonge sa relation amoureuse, mais il est différent, moins fervent, comme absent, déchiré et rongé d'inquiétude qu'il est. Il promet encore, mais il sait qu'il ment. Comme 75 % des hommes, il ne peut se résoudre à quitter sa femme et tout ce qu'il y a autour : les enfants, la maison, le standing. Il lui faudrait perdre ce qu'il a acquis, il lui faudrait se ruiner en pensions. Tout se ligue pour l'empêcher de changer de vie : le sens du devoir, la culpabilité, l'intérêt, la lâcheté.

Il ne reste à la maîtresse que ses yeux pour pleurer, l'écho de leurs rires, le souvenir de leurs ferveurs, des odeurs et des parfums, quelques bijoux, quelques photos qu'elle rangera une à une. Quant à lui, il est seul au milieu des paroles de sa femme, des cris de ses enfants, seul dans le lit, seul dans sa voiture, seul au restaurant, plus seul que jamais, pour un temps au moins, pour tout le temps peut-être.

Conséquences pour l'épouse

Quand elle a découvert l'infidélité de son homme, elle a été renversée, elle n'avait rien vu venir. Ils s'étaient tellement aimés qu'elle croyait qu'ils s'aimaient toujours. Certes ils ne se disaient plus « je t'aime », ils ne faisaient plus souvent l'amour, mais il semblait heureux dans la maison qu'ils avaient fait construire et il adorait leurs enfants, et puis il travaillait tant qu'on pouvait dire qu'il ne vivait que pour son travail. Qu'est-ce qui lui a pris ?

Sa souffrance est extrême, jamais elle n'aurait cru cela, sa vie s'effondre, sa foi dans l'amour est brisée. Plus qu'une femme crucifiée, c'est une enfant blessée qui pleure et crie à fendre l'âme. Les jours se suivent et se ressemblent : reproches, suppliques, accusations, menaces, chantages alternent dans sa bouche. Et son âme est assaillie de tristesse, d'angoisse. Alors dans des moments de désespoir, elle devient agressive, voire violente : elle insulte, elle frappe, elle tue même, soit l'infidèle, soit la rivale, à moins qu'elle ne s'agresse elle-même, se suicide.

Infidèle, je ne veux pas te tromper, je veux t'envoyer un message : regarde-moi, écoute-moi !

Pourquoi une telle souffrance ? Pourquoi de telles réactions ? Réponses au chapitre 25.

Y a-t-il des conséquences heureuses pour le couple ?

Il est des cas où l'infidélité a des effets positifs pour le couple.

- L'infidèle, heureux d'aimer ou d'être aimé, est de bonne humeur. Il était bougon, voire hostile, il devient agréable, voire aimable.
- L'infidèle ayant fait son tour à l'extérieur et ayant comparé, se dit que, tout compte fait, à la maison, c'est mieux. Si bien que si vous êtes trompé, la bonne position c'est d'être meilleur que le rival : parfait, généreux. Du panache quoi !

- L'infidèle rapatrie dans le couple officiel des gammes érotiques qu'il a découvertes à l'extérieur. Un vent de voluptés nouvelles souffle sur le lit conjugal.
- Le conjoint trompé est pris d'un regain d'amour et de désir pour l'infidèle, en vertu d'une loi de psychologie imparable : « Nous ne désirons rien tant que ce que nous risquons de perdre. » Mais souhaitons-leur de faire mentir la suite de la loi : « Mais ce que nous avons, nous nous en lassons. »

25

Prévenir l'infidélité – Des besoins à satisfaire

Les causes d'infidélité sont nombreuses, mais à les analyser on s'aperçoit que la plupart pourraient être prévenues, ce qui éviterait beaucoup de souffrances.

Souvent, c'est l'insatisfaction qui fait « aller voir ailleurs ». Soyez donc attentif à satisfaire autant que possible les souhaits, les désirs et les besoins de votre conjoint.

Le besoin d'affection

Il faut veiller à satisfaire le besoin d'affection : il faut dire son affection à l'autre avec des mots d'amour ou des mots tendres, avec des gestes doux et des câlins. Tout cela, on le fait avec ferveur au cours de l'état amoureux, puis on espace, puis on oublie.

Les femmes en particulier se désolent que leur homme ne lui dise plus « je t'aime » ; l'homme, lui, considère que puisqu'il est là près d'elle, c'est qu'il l'aime, il est superflu de le dire. Non, Messieurs, cela ne suffit pas, il faut prononcer les mots magiques, les mots qui ont le pouvoir de faire grandir l'amour en soi-même et à l'intérieur de l'autre.

Les femmes déplorent aussi que les hommes confondent tendresse et désir : quand elles s'approchent d'eux, se blottissent contre eux, les cajolent, ils croient qu'elles ont envie de faire l'amour, car eux-mêmes sont immédiatement excités et prêts à l'action. Il faut dire à la décharge des hommes, que la tendresse leur a été longtemps interdite : un homme « viril » se devait d'être un dur, quelqu'un qui ne devait pas se laisser attendrir, c'est-à-dire amollir. De plus, les hommes ont une réactivité sexuelle – en un mot, une érection – très prompte.

Mais voici venir les « nouveaux hommes », ceux-ci acceptent leur *anima* et se permettent d'être tendres et démonstratifs.

Le besoin de communiquer

En matière de communication, nous constatons, ici encore, que ce sont les femmes qui sont le plus insatisfaites. Elles déplorent que les hommes « ne leur parlent pas, ne les écoutent pas ». Cette insatisfaction est même à l'origine de beaucoup de séparations ou d'infidélités, le manque d'écoute, en particulier, qui est au fond un manque de considération. « Mon amant, lui au moins, il m'écoute ! », me confiait une patiente.

Ce n'est pas que les hommes parlent moins que les femmes ; une étude récente, fondée sur des enregistrements permanents de femmes et d'hommes, a même montré que les hommes parlent un peu plus que les femmes. Mais, nous l'avons vu, ils ne parlent pas des mêmes choses (chapitre 22).

Notons qu'est apparu un fait nouveau qui pourrait bien rapprocher les langages des uns et des autres : l'homme, maintenant, vit dans le bain de la famille, avec femme et enfants. Longtemps, les hommes ont vécu entre eux : entre chasseurs, entre guerriers, entre chevaliers, entre artisans, entre compagnons. Il y a peu de temps, beaucoup d'hommes préféraient, le soir, rejoindre leur pub, leur club ou leur bistrot plutôt que leur foyer. À ce fait, s'ajoutent, pour ajuster les langages, la libération de la femme ou, plus précisément, de son *animus*, et la libération des hommes ou, plus justement, de leur *anima*.

Messieurs, si vous ne voulez pas que votre aimée tombe sous le charme d'un « beau parleur » qui est le plus souvent un bel écouteur et un grand flatteur, sachez aussi lui parler et lui parler d'une autre façon et sur d'autres sujets que ceux spécifiquement masculins. Parlez-lui d'elle (les femmes aiment particulièrement qu'on leur parle d'elles), parlez de vous, je veux dire de votre intérieur, de votre profondeur, sans fausse pudeur, parlez humain. Évitez l'automobile, le sport, la politique, enfin pas trop, et n'oubliez pas les compliments.

Quant à vous, Mesdames, changez également de thèmes et intéressez-vous aux thèmes classiquement masculins.

Les besoins sexuels

Un partenaire frustré risque un jour de chercher satisfaction extra-conjugalement. Ces « écarts » ont été longtemps l'apanage et le privilège des hommes, leur infidélité était considérée comme normale. C'était quasiment une institution : les Romains avaient leurs hétaïres, les rois, leurs favorites, les bourgeois du XIXe siècle, leurs entretenues, et toujours et partout ont existé des lieux où les hommes pouvaient s'offrir des suppléments ou des compléments de volupté : bordels, maisons closes, etc. C'est qu'on a toujours considéré que les hommes avaient une libido plus impérieuse que la femme (une enquête de l'Inserm de 2007 montre que cette croyance subsiste), et que les extras des hommes ne mettaient pas le mariage en péril, alors que ceux des femmes risquaient de créer des enfants illégitimes qui menaceraient le patronyme et le patrimoine et seraient la preuve évidente de l'infortune et du déshonneur du mari.

Les femmes ont autant de besoins érotiques que les hommes mais, longtemps, elles ont été réprimées. Dans la chrétienté, c'était évident : le plaisir était un péché et les femmes, plus que les hommes, interdites de jouissance. « Une femme honnête n'a pas de plaisir. » Dans d'autres civilisations – chez les Grecs, chez les Romains –, la répression ne s'exerçait que sur la femme mariée. L'épouse romaine, la matrone, devait rester habillée pendant le coït et ne pas manifester de plaisir. Ajoutons deux autres explications à la croyance occidentale en une moindre ardeur de la femme : 1) Peu d'hommes connaissent l'art de l'éveiller. 2) Le vagin est une zone primitivement endormie (voir *À vous le 7e ciel*, Quotidien Malin Éditions).

Libérée de la notion de péché, protégée par une contraception sûre, délivrée de la domination des mâles, la femme retrouve sa pleine sexualité qui est d'une puissance et d'une richesse extraordinaire. Aussi, elle n'accepte plus d'être lésée par un homme expéditif ou ignare. Il vous faut donc, Messieurs, offrir à vos femmes des joies érotiques épanouissantes, les perfectionner et les renouveler. Pour parfaire votre art d'aimer, je vous renvoie aux chapitres 30 et 31, et à tous les ouvrages que j'ai consacrés à cet art, en particulier le plus classique : *Le traité des caresses*, Éditions J'ai Lu, et aux plus récents : *La caresse de Vénus* et *L'art du cunnilingus et de la fellation*, Leduc.s Éditions.

Le besoin de reconnaissance

Le besoin de reconnaissance est vital à satisfaire. C'est le besoin d'exister plus pleinement grâce au regard de l'autre. On peut exister en soi, solitairement, mais si l'on a choisi d'être en couple, c'est aussi pour exister plus, être mieux reconnu dans toute sa valeur, dans sa particularité, dans sa féminité, dans sa masculinité.

> ***« Être vivant, c'est être vu, c'est entrer dans la lumière d'un regard aimant. » Christian Bobin***

Si une femme a l'impression que son conjoint ne la voit plus, comme si elle était devenue transparente, ou la voit d'un œil neutre, comme si elle n'était plus qu'une potiche, elle sera en manque de reconnaissance. Aussi, dans un an ou dans dix, elle pourrait se révéler sensible à un homme qui la remarquera, découvrira l'éclat de son regard, la couleur de son chemisier. Souvent les femmes deviennent infidèles pour être reconnues.

Il en est de même de l'homme pour qui la femme n'a plus de considération, il se sent inexistant et, peut-être, exploité. Lui aussi pourrait être réceptif à une femme qui reconnaîtrait son talent, son courage ou ses belles mains.

Faites donc ce qu'il faut pour que votre allié se sente toujours exister, se sente toujours important pour vous. Remarquez et soulignez ce qu'il fait ou dit, félicitez-le et remerciez parce que rien ne vous est dû, tout est cadeau et grâce. Soyez reconnaissant dans tous les sens du terme.

Le besoin de croissance

Comme tous les êtres, votre aimé a un besoin de croître intellectuellement et spirituellement, c'est-à-dire d'évoluer, de s'enrichir, de s'agrandir, de s'élever. Aussi, ne soyez pas de ces partenaires routiniers, aux habitudes sclérosées, à la pensée bétonnée, ni de ces partenaires dominateurs qui n'admettent que des conjoints statiques, effacés, ni de ces partenaires matérialistes qui ignorent la transcendance. Évoluez vous-même, ouvrez-vous, et laissez l'autre évoluer, s'affirmer, s'accomplir.

Faute de quoi, il cherchera fatalement un jour à poursuivre son chemin avec un autre passeur de vie.

26

Prévenir l'infidélité – De sérieuses menaces

Satisfaire les besoins de votre partenaire vous donne les plus grandes chances qu'il reste avec vous. Mais il faut aussi connaître toutes les menaces auquel votre couple est exposé. Un homme prévenu en vaut deux, une femme aussi.

L'instinct polygamique

Nous avons hérité de nos lointains ancêtres préhistoriques une tendance à « connaître » qui plusieurs mâles, qui plusieurs femelles. Ces ancêtres, tels les singes actuels (70 % des espèces en tout cas), vivaient sur le mode de l'amour libre. Ils ne formaient pas de couple, les mâles copulaient avec les femelles qui, entrant en rut, s'offraient à eux, la priorité revenant au mâle dominant.

Cet instinct persiste en dépit de la formation du couple, vieille de plusieurs millions d'années, et de l'invention du mariage, veille de plusieurs milliers d'années. Il est entretenu par le phénomène de l'évolution darwinienne et de la sélection naturelle : pour augmenter les chances qu'un être supérieur à lui-même naisse, il faut que le mâle disperse ses spermatozoïdes tous azimuts dans l'espoir de rencontrer les meilleurs des ovules et il faut que la femelle offre ses ovules à plusieurs spécimens de spermatozoïdes dans le même espoir. Ce qu'on appelle infidélité, est une tactique de la nature pour améliorer l'espèce.

C'est du reste dans ce même but que la nature a prévu que s'épuisent, après un cycle de trois ans, les forces de cohésion du couple : c'est à l'issue de ces trois ans que les neurohormones qui attachent les partenaires, se réduisent jusqu'à s'anéantir (voir chapitre 17).

Que faire pour s'opposer à cet instinct ? Renforcer le couple par tous les moyens exposés dans cet ouvrage.

Le tarissement des sentiments

En langage populaire, on dit « tout passe, tout lasse, tout casse ». En langage bouddhiste, on appelle ce phénomène « l'impermanence ». C'est le résultat des changements qui insidieusement se passent en nous et qui font qu'on n'est plus le même à 20 ans, à 30 ans, à 50 ans, à 70 ans. Il en est de même de notre partenaire. Ainsi, insidieusement, on risque de s'éloigner et finir par se voir comme des étrangers, si on n'y prend garde.

C'est aussi le résultat de l'usure – des sentiments comme du désir – par la vie quotidienne : répétition, routine, monotonie aboutissant à l'ennui qui crée un besoin de renouveau.

Quand on s'aime moins, quand on s'éloigne, quand on a besoin de renouveau, on est tenté de chercher à l'extérieur une nouvelle source d'amour et régénération.

Que faire ? Savoir qu'il n'y a pas de fatalité : il est possible de ne pas s'éloigner. S'il est bon que chacun évolue et même cultive ses différences il ne faudrait pas que l'un évolue et l'autre pas, par exemple que l'un fasse un travail d'analyse et l'autre pas. Il faut s'efforcer de garder le contact par une bonne communication, par des recherches psychologiques en commun – par exemple faire des stages ensemble –, sans oublier les projets communs et les cocréations.

Il est possible aussi de ne pas s'user. Ce sera le thème de toute la quatrième partie.

Enfin, il est possible de renforcer le sentiment en le doublant d'une bonne « relation » comme on l'a vu au chapitre 18.

La nature multifacettes des êtres

Le psychisme des êtres est complexe, il est fait de multiples aspects ou « facettes » : goûts, tendances, prédispositions, attentes, désirs, etc. Chaque facette aspire à être reconnue, satisfaite, réalisée. Le partenaire joue un grand rôle dans le devenir des facettes de son conjoint et donc dans l'avenir même du porteur de facettes selon qu'il les remarque ou pas, les comble ou pas. Un même partenaire peut savoir repérer et satisfaire quelques facettes mais pas toutes. Alors il peut arriver qu'une autre personne rencontrée sache, elle, déceler et faire briller une facette restée dans l'ombre ; il se créera une grande attirance entre le partenaire et la femme ou l'homme de passage, et davantage si encore plus d'affinité.

Il faut donc veiller à découvrir toutes les facettes de votre amoureux et s'y intéresser.

La tentation omniprésente

La libération des mœurs, la promiscuité entre la femme et l'homme en tout lieu (travail, loisirs, sports, etc.), la mise en évidence par la mode vestimentaire des signaux sexuels, tout se conjugue pour provoquer notre libido ou faire battre notre cœur en permanence.

Cultiver son couple est le meilleur moyen de ne pas s'éparpiller.

La prééminence de l'ego

En réaction au sacrifice, voire à l'écrasement de l'individu au nom d'entités « supérieures » (la famille, l'Église, la patrie), il est bon désormais de ne penser qu'à son « moi ». C'est, comme d'aucuns l'ont appelé, le règne du « tout à l'ego ». Réaction excessive quand, refusant toute culpabilité, on décline aussi toute responsabilité. « C'est son problème », dit-on devant la souffrance d'un tiers. Alors pourquoi renoncerai-je aux délices d'une infidélité ?

Pourquoi ? Pour tous les avantages qu'il y a à être fidèle (voir le chapitre 24).

L'absence de sens et de sacré de la société habituelle

L'union entre la femme et l'homme, leur sexualité, la fidélité sont privées de signification et ont perdu toute référence à une transcendance. L'infidélité est un acte banal, pourquoi s'en priver ? Offrir une spiritualité profane aux êtres qui ne veulent plus se référer aux religions traditionnelles, c'est le grand travail qu'on a à accomplir en ce début du iiie millénaire.

Post-scriptum : ultimes réflexions sur l'infidélité

- L'infidélité est souvent un comportement immature. Elle est alors le fait de celui ou de celle qui s'obstine à rester dans le besoin d'être aimé(e). Il – car ce sont plutôt les hommes – a rencontré une femme très amoureuse. Longtemps elle l'a couvert de tendresse, mais il n'en avait jamais assez, non pas qu'il réclamait mais il boudait, était inquiet, soupçonneux, irritable. La première naissance est survenue, il s'est senti encore plus frustré. « Il est pire qu'un enfant », se disait-elle, jusqu'au jour où elle a éclaté : « Je ne suis pas ta mère. » Alors il a tourné sa sébile vers l'extérieur. Il a joué de son charme d'homme enfant. Il est allé de femme en femme. Toutes, finalement lassées, le délaisseront. C'est vraiment une infidélité de sale gosse.
- Ne mettez pas votre partenaire en cage.

– C'est contraire à l'amour. « Aimer c'est aimer la liberté de l'autre », ai-je déjà dit.

– C'est la meilleure façon de lui donner envie de s'envoler. C'est comme enfermer un animal sauvage qui désormais n'aura qu'une idée : s'échapper. Inversement, le laisser libre, lui laisser la possibilité d'escapade lui suffira souvent : « Je me sens libre, je peux m'envoler quand je veux, mais tout compte fait, je suis bien ici. » Du coup, ça lui inspire de bons sentiments pour l'autre, si bien que s'il s'envolait, il reviendrait.

27

Il (elle) vous a trompé(e), que faire ?

Compte tenu de la libération des mœurs, compte tenu de la multiplication des tentations, compte tenu de l'accroissement considérable de la durée de vie (autrefois on se mariait « pour la vie », c'est-à-dire pour quinze ans, maintenant, c'est au moins pour soixante ans), le risque d'être trompé (et infidèle) nous concerne tous. Or :

1. C'est une douleur atroce, une des plus intenses qu'un humain puisse ressentir.
2. C'est de notre façon de réagir que va dépendre la suite heureuse ou malheureuse des événements.

Voici ce que tant de drames vécus ou entendus m'ont appris.

Savoir gérer l'épreuve

La première idée-force est « Donnez un sens à l'événement » : considérez qu'il est l'occasion – j'oserai dire la chance – de réfléchir à votre couple, de vous interroger sur votre relation avec votre conjoint, de chercher les raisons qui ont pu faire qu'il est allé « voir ailleurs ». Il ne s'agit pas de vous culpabiliser (« c'est de ma faute », « je n'ai pas su… ») ou de vous dévaloriser (« je suis incapable de… », « je suis nul »). Il s'agit de vous comporter en être responsable, créateur de sa vie et non comme un être subissant, victime de la vie (« je n'ai pas de chance »), victime de l'autre (« c'est un salaud », « c'est une garce »).

Si c'est bien l'occasion de faire évoluer votre couple, c'est aussi l'occasion d'évoluer vous-même, de progresser en conscience : prendre conscience de votre part d'ombre, vous dépasser, vous agrandir, vous élever.

Déjà, de donner un sens à l'événement atténuera votre douleur.

Savoir gérer la douleur

La seconde idée-force est « Donnez à votre douleur de plus justes proportions ». Son intensité extrême est disproportionnée par rapport à l'événement, si grave soit-il. C'est que la douleur due à celui-ci se double de la douleur de la réouverture d'une blessure d'enfance. Vous avez inconsciemment assimilé l'épisode actuel à un épisode de l'enfance, votre souffrance actuelle vous a renvoyé à une souffrance d'antan, souffrance liée à une peur de l'abandon le plus souvent, mais aussi, souffrance liée à une dévalorisation, c'est-à-dire à une blessure de l'ego. L'infidélité est alors vécue comme une disqualification : « Elle (il) m'a trompé(e) parce que je suis moins bien que l'autre, parce que je fais moins bien l'amour. » Notez que cette dévalorisation déclenche elle-même la peur de l'abandon : « Puisque je suis moins bien, il (elle) va me retirer son amour. »

Vous comprenez bien que l'intensité de votre douleur n'est pas totalement fondée : en supposant que vous seriez effectivement « abandonné », n'étant plus un enfant, vous ne courez aucun danger vital ; adulte et efficace, vous survivrez et, si vous vous sentez dévalorisé, connaissant vos points forts, vous aurez le sursaut de vous réaffirmer.

L'intérêt de comprendre votre excessive douleur, c'est d'atténuer votre attitude accusatrice et agressive vis-à-vis de l'infidèle car elle n'est pas juste : celui-ci n'est pas responsable à 100 % de vos souffrances, puisqu'un pourcentage vient de vos blessures infantiles, et puis cette attitude n'est pas constructive : en lui disant « tu es un salaud, tu es une garce, tu me fais souffrir, tu me rends malheureux, etc. », vous le chargez, lui envoyez une mauvaise image de lui et vous l'obligez à répliquer. Alors c'en est fini du dialogue utile et de l'espoir de conciliation-réconciliation.

Penchez-vous plutôt sur l'enfant blessé en vous, comprenez-le, consolez-le, prenez-le en charge, et cessez de vous lamenter. Responsabilisez-vous en remplaçant « tu me rends malheureux » par « avec quoi est-ce que je me fais souffrir ? ». Remarquable progrès de conscience.

Comportement conseillé à l'infidèle

Qu'il comprenne les raisons profondes de son infidélité, celles qui viennent de lui-même et celles qui viennent de sa partenaire. Qu'il précise ses insatisfactions en sachant qu'elles peuvent provenir de lui comme de sa partenaire. Par exemple, s'il se sent frustré d'affection, cela peut être dû au manque de tendresse de l'autre ou à son propre besoin insatiable d'être aimé.

Qu'il en parle alors à sa partenaire, qu'il lui dise son manque sans l'accuser. Dire « j'ai un grand besoin de tendresse, j'aimerais plus de tendresse » et non « tu n'es pas tendre ». Commencez par du positif : « Je te sens tout à fait affectueuse, mais j'ai un tel besoin. »

Qu'il travaille lui-même sur son besoin excessif de preuves d'amour.

Qu'il comprenne aussi que le problème à la base de son infidélité (l'insatisfaction affective, par exemple) peut être résolu au sein du couple, à condition de savoir en prendre conscience et de s'en ouvrir.

D'où la troisième idée-force : « L'infidélité est une mauvaise réponse à une bonne question. »

Comportement conseillé à tous les protagonistes

Infidèle, épouse, maîtresse, amant retenez bien ceci : appliquez en toutes circonstances les règles d'une bonne communication : savoir écouter, savoir entendre – sans déformer, sans tamiser –, savoir dire – sans utiliser le « tu », en utilisant le « je » de positionnement –, savoir gérer les conflits – en acceptant les critiques, en refusant d'en faire une épreuve de force.

Les grandes décisions

- **Se séparer :** ne le décidez pas à chaud, en pleine souffrance, en pleine bagarre. Donnez-vous du temps, beaucoup de temps, des mois au moins. Prenez conseil auprès d'un psychothérapeute. Méfiez-vous des gens, y compris de certains bons amis et de certains avocats, principalement de ceux qui vous poussent à trancher net. Les gens conseillent en fonction de leur vécu, entre autres de leurs ressentiments envers l'homme (« tous des coureurs », « tous des salauds »), ou envers la femme (« toutes des menteuses », « toutes des cupides »).
- **Reconstruire le couple :** c'est possible à partir du capital d'amour restant. Dans la mesure où vous ne l'avez pas trop malmené par des comportements violents – en mots, en gestes – dictés par votre part d'ombre (possessivité, névrose d'abandon, etc.), et grâce au sens que vous avez su donner à l'épreuve que vous traversez.

Reconstruire maintenant

Cette reconstruction se fera en trois étapes.

1. Pardonner

Pardonner ce n'est pas se prendre pour le Très haut et, par magnanimité, effacer du pécheur les fautes.

Pardonner, ce n'est pas non plus tourner la page et faire comme si l'événement n'avait pas eu lieu, par la vertu d'une grande volonté. Cela est un déni de réalité et une présomption de toute-puissance, car cette réalité est gravée dans votre mémoire et la volonté n'y peut rien. La trace mnésique restera active, vous rendant plus sensible, plus fragile, plus soupçonneux, et se réveillera carrément à l'occasion de telle ou telle situation (un retard, un regard, une trace de fard, etc.).

Pardonner, ce n'est pas plus « excuser » l'autre, tout et trop comprendre. Cela, c'est de la complaisance pour l'autre et de la « déplaisance » pour vous qui vous amènera à tout prendre sur vous, à vous charger de la totale responsabilité jusqu'à vous culpabiliser. « C'est de ma faute. » Ainsi, vous vous résignez à ne pas faire prévaloir votre point de vue, ainsi, vous vous reniez. Ne seriez-vous pas un peu maso ?

Pardonner c'est un acte de pleine conscience qui a plusieurs volets. C'est d'abord reconnaître sa propre douleur : « Oui cet événement m'a fait beaucoup souffrir. » C'est aussi reconnaître sa part de responsabilité : « Je ne suis pas une pure victime, j'ai aussi fait des erreurs. » C'est également exprimer à l'autre la douleur ressentie, sans geindre, sans accuser et sans culpabiliser, pour qu'il ait conscience de ce qui s'est passé. Alors on peut se tourner vers l'avenir.

2. Amender les causes de l'infidélité

Ayant identifié les causes de l'infidélité, on s'efforce de les corriger. On s'évertue, par exemple, à combler les insatisfactions. S'il s'agit de l'insatisfaction des besoins affectifs, l'infidèle réfléchira à son important besoin d'être chéri et son partenaire décidera d'être plus tendre. S'il s'agit d'une insatisfaction du besoin de communiquer, etc.

Contre l'usure du couple, il existe bien des parades que nous détaillerons dans la quatrième partie.

En ce qui concerne l'impermanence et le phénomène des facettes, nous en avons vu les parades dans le chapitre précédent.

Ainsi, à chaque cause susceptible de provoquer une infidélité, il y a une réponse qui nécessite un travail de conscience. Le couple est bien destiné à nous faire progresser. C'est du reste en le considérant comme un « chemin initiatique » qu'on en atténue les souffrances et approfondit les bonheurs.

28

Le partage de l'autorité

Au pire temps du patriarcat, l'homme était le chef absolu de la famille, avec droit de vie et de mort sur sa femme et ses enfants. Depuis la libération de la femme des années 1950, elle a les mêmes droits que l'homme au sein du couple marié et de la famille. C'est l'union de deux citoyens égaux en valeur et en droit, sans prévalence de l'un ou de l'autre.

Vivre à deux suppose des décisions à prendre pour ce qui concerne, entre autres, l'argent, la maison, les enfants, la sexualité, les loisirs, etc. Qui va les prendre, comment les prendre ? Compte tenu du fait que chacun a ses conceptions de la vie, ses goûts, ses valeurs.

Une démocratie

Il faut considérer que le couple est une démocratie. Chacun, par conséquent, exprimera son avis et ses désirs. Souvent parce qu'ils ont beaucoup d'affinités, les partenaires sont du même avis et ont les mêmes désirs, souvent aussi parce qu'ils s'aiment, ils se font des concessions : l'un fait plaisir à l'autre en se rangeant de son côté ; il faut toutefois prendre garde que ce ne soit pas toujours le même qui le fasse et qu'une sorte d'alternance s'établisse : une fois c'est l'un qui s'incline, une autre fois c'est l'autre.

Et quand il y a divergence d'avis ou de désir et qu'aucun des deux ne veut en changer, que fait-on ? Plusieurs solutions s'offrent :

- faire un constat de divergence et se donner un temps pour réfléchir et se documenter ;
- tirer au sort la décision à prendre ;
- laisser choisir le plus compétent dans le domaine concerné ; celui le plus versé dans les problèmes scolaires, dans les histoires psychologiques, dans les choix d'emprunt ou de placement, etc.

Quatrième partie

Prendre garde à l'usure

Le plus grand danger qui guette les amoureux c'est le temps qui passe et qui érode un peu à la fois et les sentiments et le désir. C'est alors qu'il faudra faire preuve d'imagination mais aussi d'organisation pour prévenir la routine et l'affadissement.

29

Évitez l'usure des sentiments

Le temps passant, l'exaltation des débuts se calme, les sentiments et le désir s'étiolent petit à petit et l'intérêt pour l'autre se réduit. Le couple risque d'entrer en léthargie, son bonheur aussi.

Un des deux partenaires, avant l'autre, prend conscience qu'il ne peut plus s'accommoder de cette morosité et ressent un besoin de renouveau. Si l'autre n'est pas assez vigilant pour s'en apercevoir et pas assez réactif pour cocréer le renouveau, le couple est en danger : risque de conflits puis de sécession.

Toutefois l'usure n'est pas une fatalité : j'ai rencontré des êtres qui affirmaient : « voilà quarante ans que j'aime mon mari (ma femme), et je l'aime et le (la) désire toujours. »

Sachez aussi qu'une baisse d'amour ou de désir n'est pas forcément le commencement de la fin : le sentiment et la libido fluctuent, ils peuvent être provisoirement obscurcis certains jours ou à certaines périodes, par des préoccupations (les enfants, le travail, etc.), par des problèmes de santé, par une dépression. Être vigilant, mais ne pas paniquer.

Commençons par l'usure des sentiments. Pourquoi s'usent-ils ? Que faire ? Les raisons sont multiples et, pour chacune, je vais vous proposer des moyens de les prévenir et de les guérir.

Le phénomène de l'impermanence

Nous en avons déjà parlé à propos des causes d'infidélité mais, en vérité, c'est en tant que cause d'usure que l'impermanence provoque l'infidélité. « Avec le temps, dit la chanson, tout s'en va. » C'est une loi de psychologie. De fait, rien n'est stable, rien ne dure. Nos sentiments, nos goûts, nos pensées changent au fil du temps. Nous ne sommes plus le même à 20 ans, 30 ans, 60 ans, et donc notre amour pour notre partenaire a changé, peut être s'est-il amoindri et tout ce qui nous rapprochait – nos affinités, nos goûts, notre désir… – a pu changer aussi et s'amenuiser. Peut-être n'avons-nous plus rien à faire ensemble.

Ce qui ne se laisse pas saisir est éternel.

Prévention et cure

L'impermanence n'est pas toujours totale, il y a chez les êtres une certaine constance, une trame qui unit tous les épisodes de la vie et qui peut être le fil qui faufile le couple à travers le temps. Par ailleurs, chacun peut agir pour éviter de trop s'écarter de l'autre : 1) Bien communiquer pour garder le contact, pour savoir où en est l'autre, quels sont ses besoins et lui dire où l'on en est soi-même et quelles sont nos attentes. 2) Faire des séquences d'évolution commune : stages, congrès ensemble. 3) Faire des coprojets et des cocréations. Ainsi, en se réajustant en permanence, on peut rester unis et avoir toujours quelque chose à faire et à dire ensemble.

L'impermanence : les choix remis en question

Le choix de la partenaire s'est fait sur des critères qui ont pu perdre de leur intensité, de leur intérêt. Le caractère, les goûts, les idées, les rêves de l'un et de l'autre évoluent.

Le critère de l'apparence physique (la beauté, les formes, le look) va subir les dépréciations du temps, de l'âge. Sans compter que le choix d'un partenaire en fonction de son esthétique ne garantit pas qu'il ait du cœur et autres qualités requises pour faire un couple au long cours. Quant à celui ou celle qui choisit en fonction de la beauté, on peut douter de sa profondeur, et le narcissisme dont il ou elle fait preuve (s'exhiber avec une belle conquête) pourrait être une entrave à la construction d'un couple. Ce choix sur l'apparence et spécialement sur la ressemblance avec un top-modèle ou une célébrité caractérise notre société de l'avoir et du paraître et explique la fragilité des unions.

Le choix inspiré plus ou moins exclusivement par le désir et l'aspect sexy du partenaire peut se révéler aussi éphémère car, nous le verrons, le désir s'use.

Le choix en fonction de l'empreinte ne préjuge pas de la viabilité du couple, seule la suite en rend compte. Il semble qu'il soit plutôt heureux. (Comme le choix par le destin, « parce que c'était elle ».) L'âme a le meilleur feeling.

Les choix faits par l'inconscient sont les plus exposés aux déceptions et aux complications ; ce qui ne veut pas dire condamnés à la rupture si les protagonistes se décident à faire un travail de conscientisation. Rappelez-vous tous ces personnages (chapitre 1) qui peuplent notre inconscient et guettent les passants, en attente de quelqu'un qui saura combler leurs manques, apaiser leurs peurs et les sécuriser, adoucir leurs douleurs, panser leurs blessures, satisfaire toutes leurs facettes, les aider à se réaliser. Peut-être, au temps de la rencontre, leur choix fut-il judicieux, mais sur la durée il peut être remis en cause.

Le « mendiant d'amour » peut être satisfait pendant un an ou deux, par une partenaire maternante. Mais cette dernière se lassera de cajoler un homme immature qui se complaît dans son besoin d'être aimé. C'est donc à lui de se transformer, comme on l'a vu, s'il veut que son couple se prolonge heureusement. Il en est de même de tous les cas suivants. Le « blessé » peut aussi lasser sa partenaire

« infirmière », l'abandonnique, sa partenaire « parent adoptif », le dévalorisé, sa partenaire revalorisante.

Quid du « narcissique » ? Au début, son partenaire-miroir joue son rôle : ayant les mêmes goûts, les mêmes émotions, les mêmes pensées et les mêmes rêves, il confirme au premier qu'il a bien raison d'être comme il est. Ensuite, ils s'ennuient, ils n'ont rien de nouveau, d'inconnu, d'imprévu à découvrir chez l'autre. La relation s'épuise.

Quid de l'« Œdipe » ? Il cherchait quelqu'un qui ressemblait à son premier objet d'amour (son père, sa mère) ou, inversement, quelqu'un qui soit le contraire de ce parent, soit pour se défendre de son désir œdipien, soit parce que ce premier objet avait des travers inacceptables. C'est sans doute le choix le moins objectif, il n'avait pas permis de prendre en considération tous les aspects de l'être élu, il peut être fragile.

On en vient maintenant à des personnages à tonalité plus névrotique. La « dépressive » avait besoin d'un partenaire protecteur – rassurant et affectueux. Par la suite, elle a maturé et même peut-être fait un travail sur elle : elle n'a plus besoin de protection. Autre temps, autre amant. La vie est cruelle pour les sauveurs ! Mais qui sont ces hommes qui s'amourachent d'une fille triste, dépressive, malchanceuse, paumée, etc., et veulent l'arracher au malheur et faire son bonheur ? Souvent des hommes « bien », mais qui devraient quand même s'interroger sur la part de leur ego dans cette belle attitude – se donner et donner une belle image de soi –, et sur leur possessivité – tenir une femme par les services rendus.

Le « culpabilisé » qui cherchait un être maléfique pour se faire châtier (mais secrètement, il rêvait de le transformer) ne pourra pas tenir longtemps à moins d'être maso.

Le maso qui a trouvé sa sadique peut vivre en équilibre avec son partenaire un certain temps. Mais il se peut que le sadique, encouragé, aggrave ses violences jusqu'à un niveau insupportable.

De même l'hystérique, le paranoïde, le phobique ou l'exhibitionniste et autres névrosés peuvent vivre en bonne intelligence avec leur partenaire, former des couples pérennes et solides par compensation de leur névrose. Paradoxalement, c'est parfois leur « guérison » qui provoque la divergence et la rupture : celui qui guérit n'a plus besoin de l'autre.

La répétition quotidienne

C'est aussi une loi de psychologie : la répétition d'un acte diminue son pouvoir émotionnel, la répétition d'un geste plaisant réduit sa capacité de plaisir. Avec quelle jubilation n'avions-nous pas embrassé notre amoureux les premiers temps ; hélas les enquêtes montrent que les gens mariés ne s'embrassent quasiment plus. Avec quelle exaltation nous sommes-nous glissé dans les draps de notre ami la première fois, avons-nous la même ivresse dix ans plus tard ? Répéter un acte quotidiennement entraîne la routine, c'est-à-dire une façon toujours identique et dépourvue d'émotion, en un mot, mécanique, de le faire, et entraîne la monotonie, c'est-à-dire une façon de le faire toujours sur le même ton et ennuyeuse. Alors l'extraordinaire devient ordinaire.

Prévention et cure

L'inverse de « répétition » c'est « variation », imagination. Variez vos actes, variez vos discours, changez vos habitudes, changez vos goûts, vos récits, vos horaires, changez vos couleurs. Étonnez, surprenez. Savoir aussi que changer ce n'est pas seulement faire autrement, mais c'est aussi faire mieux : se perfectionner, approfondir.

La fréquentation quotidienne

La fréquentation continue du partenaire va entraîner sa banalisation et la banalisation de la relation. Il est démystifié, dépoétisé, il n'a plus de mystère. Ses faits et gestes sont prévisibles, ses pensées et émotions trop connues, son passé et ses projets connus également, et puis il dit tout. Il est devenu totalement transparent. Aussi il ne nous étonne plus et nous ne sommes plus curieux de lui, nous n'avons plus tellement d'attente. Bref, nous le connaissons par cœur ! Idem pour la partenaire.

Prévention et cure

Vous qui ne voulez pas être banalisé, connu par cœur, réveillez-vous, soyez toujours nouveau, toujours intéressant, toujours attractif. Renouvelez-vous, régénérez-vous, enrichissez-vous, perfectionnez-vous, explorez tous les domaines (les arts, l'histoire, la spiritualité, etc.), et faites un travail sur vous, sur votre monde intérieur.

Et préservez votre part de mystère :

- ne soyez pas fusionnel mais, au contraire, soyez autonome, ayez des activités personnelles, poursuivez vos recherches individuelles, cultivez votre jardin privé, continuez d'exister pleinement ;
- ne dites pas tout ce que vous faites, tous ceux que vous rencontrez ; il ne s'agit pas d'être taciturne, ni cachottier mais, par certains silences, de rester quelque peu insaisissable afin de maintenir l'intérêt, la curiosité de l'autre pour vous.

Enfin, vous qui croyez « connaître votre partenaire par cœur », vous vous trompez. Un être est trop complexe, fait de trop de facettes et de strates pour le connaître totalement, et puis il change, il évolue. Soyez plus attentif à lui, écoutez-le mieux et vous le découvrirez encore (voir chapitre 22).

Les insatisfactions, les déceptions

Les sentiments sont nourris des satisfactions de nos besoins psychologiques autant que de nos besoins physiques : besoin d'affection, de communication, de reconnaissance. C'est dans la mesure où notre conjoint nous aide à exister plus et contribue à notre bonheur que nous restons lié à lui, que nous continuons de l'aimer. Mais les insatisfactions, quand elles s'accumulent, finissent par nous lasser et nous détacher de lui. À force d'être déçu, on n'attend plus rien.

L'épuisement des neurohormones

L'usure des sentiments se produit parce que les neurohormones s'épuisent. Rappelons : la première année d'une histoire d'amour, on fait beaucoup l'amour, on se câline et se caresse beaucoup, la sécrétion de dopamine (hormone de la libido, du plaisir principalement orgasmique, de la bonne humeur et de l'entrain) est élevée, de même que celle de l'ocytocine (hormone de l'attachement, du plaisir, de la réceptivité sensuelle et de la paix intérieure). Cette phase de passion sentimentalo-biologique durerait 317,5 jours. La deuxième année, on fait moins l'amour, on se touche moins, la routine s'installe, le taux des hormones diminue. La troisième année, on espace plus encore les relations sexuelles et les caresses, on commence à s'ennuyer, on se dispute, et *in fine* on se sépare.

De plus, au cours de la deuxième ou troisième année, souvent un bébé arrive : le taux d'une autre hormone, la prolactine, augmente pendant la grossesse et demeure élevé pendant la lactation. Or, cette hormone réduit la libido et le désir de la femme devenue mère, laquelle reporte son affection sur l'enfant et néglige son partenaire. Ce désintérêt est attesté par la plupart des femmes et déploré par la majorité des hommes. Ainsi, si sentimentalement on voudrait croire que l'enfant rapproche les partenaires, la biologie travaille pour les séparer. Pourquoi ?

Rappelons encore : c'est l'Évolution darwinienne qui veut cela. Il faut que la femme comme l'homme s'adressent à de nouveaux partenaires afin de disséminer qui leurs ovules, qui leurs spermatozoïdes – en un mot leurs gènes

– le plus largement possible pour obtenir, selon les lois de la statistique, les meilleures combinaisons possibles. Il s'agit d'améliorer toujours plus l'espèce. Alors qu'importent les détresses sentimentales et les désespoirs émotionnels !

Pourtant, me dites-vous, si la mère et le père restent ensemble n'est-ce pas mieux pour « l'élevage » du petit et donc mieux pour l'espèce ? Certes c'est un mieux pour l'individu, mais ça n'est pas aussi radical pour l'espèce qu'un saut – une mutation – génétique, comme le permet la rencontre de nouveaux gènes dans des couples sans cesse renouvelés.

Cela dit, si vous préférez votre petit et votre couple, il est une façon de s'opposer à l'effet séparateur de la prolactine, c'est de sécréter beaucoup d'ocytocine. Alors, je le répète, cajolez-vous joyeusement.

Prévention et cure

Nous voilà au cœur du livre. Je pourrai me contenter de ce que je viens de dire et que j'avais déjà dit dans les chapitres précédents : faites plus souvent l'amour et caressez-vous davantage, vos sécrétions de dopamine et d'ocytocine remonteront et vous serez à nouveau aimants et heureux. Ce qui serait parfaitement vrai. Mais ici, je veux que vous alliez plus loin et que vous considériez la qualité autant que la quantité. Faire *mieux*, plutôt que faire *plus*. Comment ? La suite du livre va vous le dire.

30

Évitez l'usure du désir « Tu te laisses aller »

Il y a de nombreuses causes à l'usure du désir mais, heureusement, à chaque cause on peut opposer un « traitement » aussi bien préventif que curatif.

Pour avoir envie de lutter contre l'usure du désir, il faut être persuadé de l'importance majeure de la vie érotique, ce que je vais vous rappeler.

Des avantages d'une vie sexuelle épanouie

Les échanges sexuels apportent davantage que du plaisir. S'embrasser, donner et recevoir des caresses sur la peau, sur les zones sexuelles, s'étreindre, faire l'amour, tout cela apporte des bénéfices remarquables.

- *Bénéfices pour l'équilibre nerveux et psychique :* ces échanges apaisent l'anxiété et le stress, ils engendrent la bonne humeur, ils procurent un bien-être qui confine à l'euphorie, et ils accroissent l'énergie vitale.
- *Bénéfices pour la santé :* ces échanges dénouent les spasmes des viscères, détendent les contractures des muscles, stimulent l'activité du système hormonal, et améliorent le fonctionnement du cœur.
- *Bénéfices pour le couple :* le plaisir, l'euphorie et la complicité engendrés procurent aux partenaires un

immense bonheur partagé, ils créent entre eux une parfaite harmonie et ils les attachent plus encore.

Tous ces heureux effets ont une origine psychique (se sentir aimé, en finir avec la solitude, etc.) et des origines biologiques (effets reflexes, sécrétion d'endorphines et autres neurohormones).

Voyons maintenant les causes d'usure et leurs traitements. Nous commencerons par les cas où les partenaires perdent de leur pouvoir d'excitation érotique : c'est la dés-érotisation.

Dés-érotisation par position de parents

L'arrivée des enfants perturbe l'intimité du couple, les partenaires ont moins de temps pour eux et moins d'espace aussi : même dans leur chambre, ils ne sont plus seuls à deux. Cette arrivée change aussi leur mentalité : devenir mère et père c'est changer de statut, c'est devenir ce qu'étaient ses propres parents : des gens « sérieux ». Alors on se pose des questions : les jeux érotiques sont-ils encore si importants ? Et on finira par appeler notre conjointe « maman » et notre conjoint « papa », comme je l'ai souvent entendu à ma consultation : « hein papa ? », disait la femme en interpellant son mari ; « oui, maman », répondait celui-ci…

Traitement

Les enfants ne doivent pas empêcher les manifestations d'amour et de désir dans le couple. Même en leur présence, restez spontanés, donnez-vous de vrais baisers, des caresses chaleureuses, des regards tendres et des mots doux. Il est bon pour les enfants, pour leur sécurité, pour leur avenir qu'ils sentent l'affection et l'attirance qui lient leurs parents.

Ne soyez pas plus parents qu'époux. Entre vous, restez aimants, restez amants. Le rôle de parent n'est qu'une partie de la vie, être amant est aussi important pour votre bonheur, pour votre équilibre, et puis les enfants finiront par partir et vous allez vous retrouver à deux, que ce ne soit pas comme des étrangers.

Interdisez-vous absolument d'appeler votre conjoint « papa » ou « maman », même quand vous vous adressez à vos enfants. Au lieu de dire « demande à maman », dites « demande à ta maman » ou « demande à Sophie ».

Dés-érotisation par la position de mère

Quand votre femme acquiert le statut de mère, tout peut changer, car elle vous renvoie à l'image de mère en général et de votre mère plus spécialement, quelqu'un de digne, de respectable, et surtout d'intouchable. Désirer sa mère, lui faire l'amour est un inceste, acte frappé par le tabou le plus important de l'humanité. Devenir le mari-amant d'une mère, ça peut refroidir les ardeurs.

Cela commence pendant la grossesse où le corps change et devient le tabernacle du bébé, puis vient l'accouchement et ses images quelque peu réalistes et impressionnantes, ensuite, c'est le corps à corps de la mère avec l'enfant, l'allaitement, etc. Au total l'épouse est bien marquée du sceau de la mère.

De son côté, l'épouse devient plus mère qu'amante pour un certain temps, voire pour tout le temps. Chargée du poids de sa mission, écrasée par sa fatigue, aspirée par les besoins et l'amour de bébé, elle s'en oublie elle-même et oublie son mari.

Traitement

Le plus souvent, chez l'homme, les sollicitations de sa libido et son amour vont l'emporter sur les images réalistes et les réticences. Toutefois, il est bon que la femme s'efforce d'apparaître aussi séduisante et soigne son sex-appeal.

Chez la femme, le désir reviendra spontanément, aidé par l'amour qu'elle porte à son mari. Mais ce dernier devra pratiquer une sorte de reconquête de sa femme en lui donnant beaucoup de tendresse, en la chérissant, en la rassurant sur l'état de son corps, sur sa désirabilité, en la complimentant, en lui faisant des présents qui honorent ce corps (des parfums, des bijoux), et en réapprivoisant son érotisme : d'abord ressusciter subtilement sa sensualité et non pas foncer pénis menaçant sur le vagin.

Il faut savoir que certaines femmes, qui sans doute voulaient plus un reproducteur qu'un amant, n'arrivent pas à retrouver quelque intérêt véritable pour l'échange sexuel.

Le « négligé »

En négligeant votre apparence et votre élégance – vêtements, visage, cheveux, etc. –, vous perdez de votre séduction et donnez à penser à l'autre que vous ne l'aimez plus assez pour vous faire séduisant ou bien qu'elle n'est plus assez aimable pour que vous ayez envie de la séduire. Seriez-vous allé au premier rendez-vous en « survêt » ou en peignoir de pilou, pantoufles aux pieds et bigoudis sur la tête ? Alors pourquoi traîner dans cet état les jours de repos à la maison ?

Traitement

N'oubliez pas que les vêtements ne servent pas qu'à se vêtir, ils servent aussi à vous décorer et à souligner vos caractères sexuels secondaires : vos seins, votre taille, vos hanches, votre carrure, etc. De même que les soins esthétiques, quand ils lissent ou bouclent vos cheveux, renforcent l'incarnat de vos lèvres, etc. Il s'agit de majorer votre attrait et de solliciter plus sensiblement le désir de votre partenaire. Inversement la négligence éteint la désirabilité.

Bien sûr, pas question d'être toujours en costume trois pièces et cravate, ou en robe de cocktail et maquillée comme à la sortie d'un institut de beauté, surtout lorsqu'on est à la maison. On peut être attirant en pantalon et pull. Mais ce qu'il ne faut pas, c'est « se laisser aller » (comme Aznavour le chantait), au masculin comme au féminin.

La nudité galvaudée

Le Créateur – ou la Nature – a fait du corps de la femme un chef-d'œuvre de beauté et aussi d'érotisme. En vérité, beauté et érotisme sont confondus, car c'est à l'aide des signaux érotiques que s'est construit l'esthétique. Magiques et irrésistibles signaux sont les seins faits d'un globe parfait que seule la femme possède – les femelles de toutes les espèces, y compris nos cousines les guenons en sont dépourvues –, placés qui plus est en position supérieure sur la face antérieure et couronnés de deux cercles concentriques surélevés et colorés différemment : l'aréole et le mamelon, le tout figurant une cible à l'homme destinée, au désir consacrée. Signaux aussi que tous ces cercles et toutes ces rondeurs : le ventre, les hanches, les cuisses, et n'est-ce pas encore une cible que dessinent les contours réunis du ventre, des hanches, des cuisses avec au centre la toison pubienne. Et cette dernière, adorable triangle, n'a-t-elle pas l'audace d'indiquer de sa pointe le mille de la cible ? Oui des flots de ses cheveux à la pointe de ses pieds, la femme est beauté et séduction.

Encore faut-il que la vue de ce chef-d'œuvre ne soit pas banalisée. Si la femme exposait son corps nu de façon routinière, sans intention de montrer, sans intention d'exciter, et trop souvent, à l'occasion d'habillages ou de déshabillages ordinaires ou de soins corporels, il pourrait perdre de sa magie, de son pouvoir érotique.

Traitement

Mesdames, ne vous montrez pas nue à l'occasion de gestes banals : vous vêtir, vous dévêtir, vous laver. Pas de toilette intime, pas même de brossage de dents ou de shampooing devant votre aimé. Pas de va-et-vient dans la maison en simple appareil. Pas de porte de salle de bains ouverte, de porte de WC entrouverte. Ne vous comportez pas comme si l'autre était absent. Ne livrez pas votre corps au risque de l'habitude et de l'indifférence qui s'ensuivraient. Ne démystifiez pas votre nudité. Réservez-la à la fête des corps.

Alors, quand c'est le moment, offrez-vous avec faste et ferveur. La nudité est ici l'apogée d'un effeuillage délibéré, visant à vous unir à votre amoureux. Selon les jours, cet effeuillage pourra être somptueux sur le mode d'un défilé de haute couture ou être espiègle avec jeté de sous-vêtements en direction du spectateur. Il pourra être suivi de danses élaborées ou improvisées sur des musiques rythmées ou lascives, ou sur des percussions. Il pourra être aussi express lorsque, n'en pouvant plus de désir, la femme enlève presto et fiévreusement ses lingeries pour se précipiter dans les bras de son homme aussi impatient qu'elle.

Le lit à deux places : grandeur et misère

Dans les premiers temps de l'amour, se retrouver ensemble dans les profondeurs d'un grand lit est la consécration des rêves les plus fous et, tant qu'on est amoureux, ça reste un bonheur sans pareil. Restez donc amoureux !

Le bonheur n'est pas seulement de « coucher » ensemble, mais de dormir côte à côte, que ce soit dans les bras l'un de l'autre ou en petites cuillères c'est-à-dire ventre de l'un, contre dos de l'autre, c'est un bain de tendresse, c'est une mer de bien-être, c'est un océan de sensations, en particulier de sensations tactiles : toutes les surfaces des peaux sont en étroit contact, ajustées au plus près ; toutes les parties de ces surfaces sont à portée de main, particulièrement les plus sensuelles – les seins, les fesses, les sexes – et peuvent être simplement empaumées mais aussi caressées et même excitées, et les pulpes des bouches peuvent se joindre en un tour de cou.

Y a-t-il plus grand bonheur que de s'endormir l'un contre l'autre, laissant la torpeur nous gagner, tenant dans une main un sein ou une hanche, et dans l'autre une épaule ou une fesse, bouche contre bouche. Bonheur aussi de se réveiller au cœur de la nuit et de sentir le corps de l'aimé(e), sa chaleur, son velouté, son moelleux, de percevoir le va-et-vient de sa respiration, d'entendre son souffle. Et quel bonheur, le matin, d'émerger doucement du sommeil et de retrouver, ô cadeau divin, ô Amérique sans cesse redécouverte, son amoureux blotti tout contre soi, donné, confié, arrimé à soi. On n'ose bouger de peur de le réveiller, puis, d'un pied, on va doucement caresser un de ses pieds. Voluptueusement, il se réveille à demi, et ses lèvres, tellement brûlantes et pulpeuses viennent chercher les nôtres. « Je t'aime », « Moi aussi je t'aime ».

Mais « coucher » fait aussi partie du bonheur. Le confort et l'intimité du grand lit se prêtent à tous les jeux érotiques, à toutes les sortes de baisers, à toutes les formes de caresses et à toutes les façons de faire l'amour.

Si pendant un temps plus ou moins long on ne voit que les avantages du lit à deux places, peu à peu, ses inconvénients apparaissent.

- L'affadissement des sensations que j'appelle aussi « mithridatisation » : plus une stimulation est répétée, moins la sensation qu'elle produit est ressentie ; autrement dit, l'effet d'une stimulation diminue avec le temps. Le contact, dans le lit, entre les peaux, qui génère au début un bain de volupté pourrait, à la longue, n'être plus perçu avec autant de ravissement et même ne plus être remarqué. L'habitude pourrait retirer au toucher son pouvoir sensuel et régénérateur. Pire encore, cette habitude pourrait à force, le dormir ensemble étant incontournable, être vécu comme une contrainte. Or une contrainte procure moins d'agréments qu'une envie.
- Les mouvements incontrôlés : détentes soudaines des « nerfs », sursauts au cours des rêves, jambes impatientes (un vrai fléau).
- Les bruits incontrôlés : émissions viscérales (rots, borborygmes, etc.), cris au cours des rêves, toux, ronflements (un fléau tel qu'il peut mener au divorce !).

Est-ce à cause de ces inconvénients qu'on dit que « le mariage tue le prince charmant et la princesse ». En tout cas, ça risque de tuer l'harmonie et le désir. Il faut donc réagir.

Traitement

Traitement des troubles physiques : les mouvements incontrôlés s'amenderont sous l'effet d'une dépense musculaire dans la journée, d'une prise de magnésium et d'une douche chaude avant le coucher, sans oublier une tisane calmante (sans valériane car celle-ci est antiérection). Pour les impatiences des jambes, essayez le magnésium, sinon voyez absolument votre généraliste ou même un neurologue. En ce qui concerne les rots et les borborygmes : mangez plus lentement, mâchez consciencieusement (sinon vous avalez de l'air) et prenez des draineurs hépatiques ou des ferments digestifs. Pour la toux, voyez votre généraliste (et arrêtez de fumer). Pour les ronflements, mangez léger et ne buvez pas d'alcool le soir ; si ça continue, voyez un otorhino. Pour l'ensemble de ces troubles, reportez-vous à *L'art de bien dormir à deux*, Éditions Albin Michel et J'ai Lu.

Changez de couchage. Trois choix se présentent à vous.

- *Utilisez un lit à deux places* de grande largeur (1,60 m ou 1,80 m) composé de deux matelas et de deux sommiers indépendants mais accolés. La largeur permet à chacun de s'écarter de l'autre quand il le désire, l'indépendance des matelas évite la transmission des mouvements lorsqu'on s'écarte.
- *Utilisez des lits jumeaux* dont l'un sera plus large pour permettre les ébats amoureux ou se nicher à deux quand on en a envie. Il faut conserver la possibilité de s'offrir des partages de sommeil pour faire circuler la tendresse, les sensations et l'énergie entre les aimants.
- *Faites chambre à part.* Ce choix a pu se faire d'emblée au début de la relation ou bien par la suite après un certain temps de lit commun permanent. Quand le choix se

fait après une période de lit commun, l'idéal serait qu'il soit décidé par les deux partenaires. Si c'est la préférence d'un seul, celui-ci devra bien expliquer à l'autre ses raisons et qu'il ne s'agit pas d'une désaffection. Il devra l'assurer de son amour indéfectible, lui exposer les avantages de ce choix, et lui dire que s'ils étaient bien des « condamnés de draps communs », ils ne seront pas condamnés à des draps séparés.

En effet, faire chambre à part ce n'est pas dormir systématiquement et toutes les nuits chacun dans sa chambre. On peut dormir ensemble certaines nuits ou une partie de la nuit, et se séparer si on a envie de veiller – lire, travailler – ou, au contraire, de dormir parfaitement tranquille.

Les avantages sont nombreux :

- éviter les inconvénients du lit à deux places ;
- retrouver la fraîcheur des sensations les soirs où l'on se couche ensemble, les nuits où l'on dort à deux ;
- faire du partage du lit un choix consécutif à une poussée de tendresse ou de désir, et non le fait d'une habitude incontournable, d'une contrainte inévitable. Alors quel bonheur au coucher, en pleine nuit ou au petit matin de se glisser dans les draps et dans les bras de l'autre quand l'amour chante, quand le désir clame.

31

Évitez l'usure du désir – « C'est toujours la même chose »

Les principales causes de l'usure du désir sont la monotonie sexuelle (« c'est toujours la même chose ») et l'insatisfaction (« je n'ai pas ou pas assez de plaisir »).

La monotonie sexuelle

Faire l'amour toujours avec la même personne, le même jour, à la même heure, dans le même lit et seulement dans le lit, selon le même déroulement – le coït, rien que le coït –, bref, la routine, ça use, ça use, ça use énormément.

Alors il faut varier les plaisirs pour que la joie demeure. Mettez donc l'imagination au pouvoir, renouvelez-vous, inventez, surprenez. La nature vous a tout donné : cinq sens, une peau d'une immense surface, deux mains, dix doigts, dix ongles, une bouche, deux lèvres, une langue, trente-deux dents, des organes sexuels si complexes, si élaborés que c'en est confondant. Au total, vous disposez de milliers de points érogènes et d'une multitude de moyens naturels de les stimuler. Nul besoin pour vous éclater, d'acquérir des jouets érotiques ou de vous embarquer dans des pratiques *hard*.

Voici quelques idées force pour développer vos bonheurs.

- Une rencontre sexuelle ne se résume pas au coït. Il existe d'innombrables jeux érotiques.
- Une rencontre sexuelle ne se réduit pas aux organes sexuels. Tout le corps, de la tête aux pieds, doit entrer dans ces jeux.
- Tous les sens doivent participer à la rencontre : la vue, l'odorat, l'ouïe, le goût, le tact. Alors les sensations sont multipliées à l'infini.

Mais, me direz-vous, les sens sont automatiquement concernés. Certes, mais on peut les rendre plus présents et profiter mieux de leur volupté grâce à une attitude plus propice. En voici les principes.

- *Prenez votre temps :* la sensualité est incompatible avec la vitesse, le fast est contraire à la volupté.
- *Soyez pleinement conscient* de ce que vous faites et ressentez. Sortez de l'automatisme de la vie courante (si bien nommée), concentrez-vous volontairement sur vos sensations, sentez-les en plénitude : soyez totalement à ce que vous touchez, regardez, respirez, etc.
- *Laissez votre corps s'abandonner* et vibrer ; ne cherchez plus à le dominer.
- *Vivez au présent* dans « l'ici et maintenant » en écartant tout vagabondage dans le passé et toute projection dans l'avenir.

Les sens qui jouent les rôles les plus importants sont le toucher et l'odorat : le toucher, parce que la peau, son terrain de jeux, a une surface considérable – 18 000 cm2 – et une sensibilité remarquable – 1 500 000 récepteurs sensitifs au total, de quoi inventer des myriades de caresses (voir *Le traité des caresses*, Éditions Flammarion et Éditions J'ai Lu). J'y associerai les baisers car les lèvres sont un repli de la peau dans l'orifice buccal ; leur sensibilité est extrême.

Inventez donc aussi mille sortes de baisers. Appliquez-vous et ne vous lassez jamais. Trop souvent, une fois mariés, les gens oublient de s'embrasser.

L'odorat est un sens particulièrement important, tant pour le désir que pour le plaisir : il détecte les molécules odoriférantes – les phéromones – qui s'exhalent du corps de votre aimé, les transforme en impulsions qu'il adresse au centre des pulsions sexuelles et également au centre de la mémoire affective. Tant et si bien que non seulement il stimule le désir, mais en plus il fait remonter en vous les souvenirs du bien-être et du bonheur de l'enfance, ce qui contribue à la béatitude du présent.

Aussi, je vous conseille, pour en profiter au maximum, de humer avec ferveur les fragrances et autres arômes que diffusent les zones capiteuses de votre amoureux, voire d'en faire de véritables inhalations.

Variez, variez, variez !

- *Variez vos façons de faire l'amour :* variez vos caresses et vos baisers comme on vient de le voir, mais aussi vos jeux sexuels, changez vos positions, alternez fellation, cunnilingus, etc., inspirez-vous des bons manuels, en particulier de ceux qui viennent de l'Orient.
- *Variez les lieux où vos corps s'unissent :* dans le lit, en travers ou à l'envers, dans la chambre, essayez le pouf ou le fauteuil. Et sortez de la chambre : dans la salle de bains, jouez à vous savonner ou à vous shampouiner sous la douche et dans la baignoire, et plus si les bulles vous emportent ; dans le séjour, goûtez à l'amour sur le sofa ou devant le feu de bois ; dans la salle à manger, prenez la table comme autel où l'amoureuse s'immolera tandis que l'amoureux, à la bonne hauteur, officiera. Aucune pièce qui ne se prête à la célébration joyeuse : le grenier, la cabane de jardin, la serre. Et n'hésitez pas à sortir de la maison et à vous éclater dans les prés,

dans les bois. Qu'y a-t-il de plus beau comme ciel de lit que les branches des ormes ou une nuit étoilée. Vous pourriez aussi louer une chambre d'hôtel pour y passer l'après-midi ou une nuit : c'est très excitant de changer de décor et ça vous rappellera vos premières escapades et vos premières découvertes.

- *Variez les horaires :* la plupart des gens font l'amour le soir au coucher. Faites-le donc aussi le matin (les hommes aiment, car ils sont en érection automatique), le midi, l'après-midi (les femmes préfèrent, pourquoi ?), ou au retour du travail. Pour l'après-midi, trouvez une excuse ou prenez une journée de RTT ; si vous avez une boutique, affichez « fermé pour cause d'amour ».

L'insatisfaction sexuelle

C'est la principale cause d'usure du désir. Le désir, c'est la pulsion qui revient parce qu'elle avait été récompensée, c'est donc une anticipation du plaisir. (Si on a envie de croquer une mangue, c'est qu'on sait que ça va nous remplir la bouche de volupté.) Si le plaisir n'est pas au rendez-vous, le désir va se réduire peu à peu puis disparaître. Une fois, ça va, dix fois, bonjour les dégâts.

C'est pourquoi, pour entretenir le désir, il faut offrir les meilleurs plaisirs, faire l'amour le mieux possible. Cela s'apprend. Il ne suffit pas de suivre sa pulsion, car celle-ci ne garantit pas la meilleure jouissance. Chez l'homme, elle inspire un acte bref de pénétration et un plaisir éclair. Chez la femme, elle inspire l'envie d'être pénétrée, ce qui est rarement couronné de plaisir : seules trois femmes sur dix obtiennent un orgasme vaginal par pénétration. Chez l'un comme chez l'autre, le plaisir optimal – assuré, intense et prolongé – ne peut qu'être le fruit d'un art érotique consommé.

Cet art raffiné et complexe s'apprend. L'Orient l'enseigne depuis des millénaires, l'Occident l'a ignoré en raison de la répression de la sexualité qui sévit depuis deux mille ans. Certes, maintenant le plaisir est libéré, mais nous continuons de payer la répression dont nous sommes tout juste sortis, d'une part par des blocages persistants de nos consciences, d'autre part par l'absence de traditions érotiques et de sacralisation de la sexualité.

C'est pourquoi, nous avons quelques difficultés à imaginer et à raffiner des jeux érotiques « naturels » par la grâce de notre bouche, de nos mains, de notre peau, et recourons aux engins (les sex toys), ou empruntons l'escalade des pratiques *hard*.

Cet ouvrage ayant pour thème les aspects psychologiques de la relation amoureuse, je vous renvoie à mes autres livres, en ce qui concerne l'érotisme. Toutefois, je vais vous résumer les « grandes idées » qui les inspirent.

1. *La sexualité de la femme et celle de l'homme diffèrent* sur quelques points. L'ignorer, c'est aller au-devant de graves déconvenues. Ces « dissymétries » ont été exposées au chapitre 16.
2. *Les sources de volupté sont autant dans la peau que dans les sexes.* Caresses et baisers doivent occuper une place majeure.
3. *Les préludes – caresses et baisers – sont indispensables* pour amener la femme à un niveau d'excitation qui lui permette l'orgasme. Cela, plus aucun homme civilisé ne l'ignore. Ce qui est souhaitable, c'est que l'homme les pratique plus par amour que par tactique et qu'il les offre avec raffinement.
4. Il est également indispensable d'offrir à sa compagne *des caresses et des baisers de postlude*, accompagnés de mots de tendresse, de gratitude et d'adoration. Il s'agit de lui montrer qu'elle n'a pas servi d'objet d'assouvissement et que nous l'aimons, la sentons précieuse. La femme pourrait agir de même vis-à-vis de l'homme.

5. Il est bon aussi de s'offrir réciproquement *des « caresses gratuites »*, celles que l'on se donne sans intention de coïter. Les caresses procurent un bien-être, voire une euphorie, moins intense que le coït – encore que… – mais aussi bénéfiques. De plus, d'exclure parfois le coït nous invite à explorer toutes les façons d'être bien ensemble, de jouer sur tous les registres de la peau et des sens, d'inventer d'autres gestes, d'autres mots, d'autres regards. Bref, la caresse gratuite agrandit le champ de la volupté.
6. *Les caresses des sexes* – la vulve, le vagin, le pénis – peuvent procurer des plaisirs extrêmes jusqu'à l'orgasme. Elles se réalisent avec les doigts ou avec la bouche – cunnilingus, fellation. Elles doivent se pratiquer dans l'excellence et en parfaite connaissance de la géographie érotique.
7. *Le sexe de la femme n'est pas un simple orifice,* c'est une zone d'une richesse admirable, à voir, à toucher, à embrasser, à sentir. La vulve est une véritable pièce d'orfèvrerie sertie de multiples points érogènes. Le vagin est une véritable constellation de diamants érotiques dont le point G n'est qu'un exemple. La caresse des nombreux points vulvaires et vaginaux peut provoquer des orgasmes souvent plus forts que la pénétration par la verge. Le vagin, en particulier, est une source fabuleuse de volupté que peu d'hommes connaissent (voir *À vous le 7e ciel*, Quotidien Malin Éditions).
8. *Le sexe de l'homme n'est pas un simple bélier,* il est un trésor composé de multiples zones érogènes qu'il faut stimuler avec précision, raffinement et ferveur.
9. *Le coït* doit se réaliser non pas comme un va-et-vient mécanique de piston, mais comme *« une caresse intérieure »*, art que j'ai préconisé bien avant la mode du tantrisme et que j'ai exposé dans *Le traité des caresses* : le gland caressant les différentes zones

érogènes du vagin et le vagin caressant les divers points sensibles de la verge.

10. *Il est fondamental que l'homme acquiert la maîtrise de son éjaculation,* s'il veut offrir des orgasmes vaginaux à sa partenaire et à lui-même des voluptés infiniment plus intenses et prolongées.

11. *Il est bon de parler pour exprimer ses désirs,* guider son partenaire, dire son plaisir. C'est la meilleure façon d'obtenir une jouissance optimale et une parfaite complicité, car l'autre ne peut deviner complètement ce qu'on attend, ce qui est bon pour nous.

12. *Les relations sexuelles ne peuvent être source de plénitude que si on leur donne un sens.* Ce qui a été opposé dans tous mes livres et spécialement dans *Sexualité, la voie sacrée*, Éditions Albin Michel ainsi que dans le dernier destiné aux jeunes *L'art de bien faire l'amour*, Leduc.s Éditions.

32

Les fluctuations du désir et autres déphasages

Le désir fluctue selon les périodes de la vie. Il varie aussi d'un individu à un autre, les uns ont un gros appétit, les autres sont quasi « anorexiques ».

Les fluctuations au cours du temps

Dans le cours de la vie d'un individu, le désir fluctue en fonction de nombreux paramètres. L'âge, tout d'abord, joue un grand rôle. La libido est maximale entre 18 et 25 ans, elle tient un bon niveau jusqu'à 40 ans puis décroît très progressivement au fur et à mesure du vieillissement.

Chez l'homme, cette libido suit la courbe du taux de testostérone – l'hormone de la virilité et du désir –, laquelle décroît très lentement à partir de 40 ans, sans jamais être nulle, même à 95 ans. Chez la femme, la libido ne disparaît pas à la ménopause, souvent même, elle croît ; en effet, si la sécrétion des hormones féminines (œstrogènes et progestérone) diminue jusqu'à disparaître, cela n'a d'incidence que sur la lubrification (qu'on peut compenser), mais pas sur le désir ; en revanche, la sécrétion de la testostérone – hormone du désir comme il vient d'être dit – ne baisse pas et devient même d'autant plus efficace que ses antagonistes – les hormones féminines – décroissent. Beaucoup de femmes voient, à 50 ans, leur libido flamber, leur clitoris s'allonger et des orgasmes vaginaux apparaître.

Le désir dépend aussi de notre état de santé. La fatigue, la maladie, les baisses de tonus psychique (soucis, anxiété, dépression) réduisent voire annihilent la libido.

Le désir varie également en fonction de nos biorythmes, ces horloges internes qui font osciller d'un jour à l'autre – croître ou décroître – toutes nos fonctions physiques et psychiques : notre énergie, notre vigilance, notre humeur et toutes nos qualités. Chez la femme, s'ajoute l'horloge mensuelle. Le désir varie en fonction du cycle menstruel, marquant un net pic à l'ovulation, et parfois, à la veille des règles. Le pic de l'ovulation correspond à une montée de testostérone (hormone érophile) que la nature a pris soin de situer en face d'une montée de folliculine, hormone de la maturation des ovules ! Autre astuce de la nature, qui décidément tient beaucoup à la perpétuation de l'espèce humaine : ce taux élevé de folliculine multiplie par mille la sensibilité olfactive de la femme, ce qui la rend hypersensible aux phéromones du mâle, lesquelles déclenchent en elle ses phéromones de femelle !

Le désir, enfin, fluctue avec les saisons, et ce n'est pas au printemps qu'il culmine, contrairement à ce que l'on croit, mais en automne. Sans doute l'effet du noir et du froid qui surviennent et donnent l'envie de se nicher.

Le désir fluctue-t-il en fonction des sentiments ? Est-ce qu'on se désire davantage quand on s'aime plus, ou moins quand on s'aime moins ? Le désir existe avec ou sans amour, comme l'amour peut exister sans désir. Mais pour la majorité des êtres, le couple est plus fort et plus heureux lorsque désir et sentiments s'associent.

Les différences de libido selon les individus

Chaque individu a une libido différente qui se traduit par des désirs plus ou moins intenses, des besoins plus ou moins fréquents. On voit des êtres satisfaits de faire l'amour une fois par mois, d'autres doivent le faire tous les jours. Il y a même des hommes qui ont besoin de copuler six fois par jour, des femmes également, les premiers sont atteints de « satyriasis », les secondes de « nymphomanie ».

Y a-t-il une norme de fréquence ? Il faut refuser cette notion de « norme », elle débouche sur l'obligation de s'y conformer, sous peine d'être « anormal ». On peut simplement constater que la fréquence moyenne est de trois rapports par semaine, entre 20 et 45 ans et qu'elle diminue ensuite pour passer à deux par mois à 65 ans. Mais l'homme qui pratique la « caresse intérieure » ou qui s'est initié au tantrisme fait l'amour chaque jour bien au-delà de 90 ans ; du reste, cet art érotique est un gage de longévité (voir *Le traité des caresses*, Éditions J'ai Lu ou *L'homme (nouveau) expliqué aux femmes*, Leduc.s Éditions).

Une autre différence entre les individus concerne l'horaire des poussées de désir. Il y a des personnes qui sont du matin, d'autres de l'après-midi, d'autres encore du soir.

En phase et déphasage

Les partenaires sont en phase quand l'un a envie et l'autre aussi, chacun désirant l'autre au même moment et également ; c'est ce qui se passe dans l'état amoureux ou même au-delà dans les couples chanceux. Les partenaires sont en déphasage lorsque l'un a envie et l'autre pas. Le problème peut se solutionner rapidement : ou l'un cède au désir de l'autre, ou l'autre renonce à son désir. Le problème s'aggrave si chacun campe sur ses positions : le désirant est par trop travaillé par son désir, le non-désirant est ancré dans son non-désir. L'épreuve de force est ouverte, le conflit gronde entre les désormais « refusé » et « refusant ».

Des cogitations aussi perfides que non fondées (le plus souvent) viennent mettre de l'huile sur le feu. Une voix venue de la part d'ombre susurre : « Il, elle ne t'aime plus », « Je ne suis pas séduisant(e) ("baisable" dira la voix si elle est mal élevée) » ou, pire, « Il, elle a un(e) amant(e) ».

Et la part d'ombre de déverser son sac à malice : dévalorisation, mésestime de soi, jalousie, peur de l'abandon, etc. Et le pauvre refusé de se laisser manipuler, paniquant, angoissant, détestant.

La nuit sera blanche ou peuplée de cauchemars, les lendemains moroses, voire hostiles, et pire si pas de réconciliation.

Prévention et cure

Tenter d'harmoniser les désirs, de se mettre en phase

- *Vous êtes le (la) désirant(e) face à un(e) partenaire non désirant(e).*

  Essayez de faire naître le désir chez elle (lui). Séduisez-la (le) par votre tendresse, votre humour, vos dons érotiques : tenue affriolante, attitude excitante, strip-tease, caresses irrésistibles. Si rien n'y fait, demandez-lui carrément de faire l'amour pour « vous faire plaisir ». Si elle (s'il) n'accède pas à cette prière, vous atteignez le stade de déphasage (voir ci-après).

  PS : il arrive que le refus du partenaire provienne d'une tension nerveuse (surmenage, préoccupation). Dans ce cas, proposez-lui : « OK, tu n'as pas envie, je te sens tendue. Mais laisse-moi simplement te masser doucement. » Elle est allongée sur le lit, ou assise. Vous vous placez derrière elle et vous commencez à masser ses trapèzes, ces muscles du cou reliant la nuque aux épaules, ils sont souvent crispés, douloureux. Vous massez avec la pulpe des doigts, avec douceur, mais fermement, profondément, vous insistez sur les endroits noués, ce qui fait grimacer quelque peu votre aimée. Mais ça la soulage et bientôt un bien-être se lève en elle : elle se détend, sa respiration s'approfondit.

  Alors vous descendez sur son dos et massez ses muscles dorsaux, en particulier ceux qui longent la colonne vertébrale ; vous massez maintenant à mains pleines, jouant de la pulpe digitale quand vous sentez un nœud.

Votre aimée se relâche plus encore, et sa respiration est plus ample et plus paisible.

Alors, prenez le risque d'aller plus loin. Mine de rien, prolongez progressivement vos massages du dos sur les côtés du thorax, gagnant un centimètre à chaque aller et allégeant vos massages en caresses. Subrepticement, vous abordez la naissance des seins, sous les aisselles. Si votre aimée pousse deux ou trois gros soupirs, c'est gagné, elle est assez détendue pour écouter ses sensations plaisantes. Avancez carrément mais doucement vos deux mains sur le devant et allez empaumer ses seins. Demeurez ainsi sans bouger, pressant à peine. Voilà qu'elle tourne la tête vers vous et tend sa bouche.

Sa tension nerveuse l'empêchait de s'abandonner à son plaisir qui justement était le meilleur remède à cette tension. Vous lui avez permis de retrouver en elle le chemin du mieux-être.

- *Vous êtes le (la) non-désirant(e).*

  Tentez au moins de vous abandonner, de vous faire réceptif(ve) aux mots, aux gestes de votre partenaire. Vous n'y arrivez pas ? Mais peut-être pourriez-vous accéder à sa prière ? Et peut-être seriez-vous étonné(e) par le bien-être qui surviendra, car c'est vrai : l'appétit vient en mangeant.

Gérer le déphasage

- *Vous êtes le (la) refusé(e).*
  - Ne vous laissez pas prendre par les cogitations moroses aussi délétères qu'inutiles.
  - N'adressez pas à votre aimé(e) des propos négatifs : sous-entendus ou même accusations blessantes, en particulier des accusations qui reprennent vos cogitations – « Tu ne m'aimes plus, etc. » ou, pire, des accusations qui maltraitent son non-désir – « Tu n'es

pas sensuelle, tu n'es pas une vraie femme, tu n'es pas viril, tu n'es pas un vrai homme ».

- Souvenez-vous que ce refus, plus que frustrer votre besoin, atteint quelqu'une de vos failles et cicatrices, en particulier votre manque d'estime de vous. Faites donc du « rétablissement mental » en prenant appui au fond de vous sur vos ultimes ressources, et promettez-vous de faire sans tarder un travail sur votre manque d'amour et de confiance en vous.
- Faites triompher la raison en vous : « Oui, il (elle) a le droit de n'avoir pas de désir aujourd'hui, chacun est différent. Il (elle) a le droit d'être fatigué(e), soucieux(se), etc. Ce n'est que partie remise. » Surtout ne lui en voulez pas, n'entrez pas dans le cycle du ressentiment et de la rancune.
- Si vous êtes en grande tension nerveuse parce que votre désir n'a pas été assouvi, faites ce qu'il faut pour vous détendre : masturbez-vous.

• *Vous êtes le (la) refusant(e).*

Comprenez qu'il (elle) a le droit de désirer quand « la nature parle », et comprenez que ses rythmes peuvent différer des vôtres. Mais surtout expliquez votre refus : que justement il est normal que parfois les rythmes ne correspondent pas, qu'aujourd'hui, vous êtes très fatigué(e) ou soucieux(se), qu'en tout cas, vous n'avez rien à lui reprocher, que vous l'aimez toujours, que vous appréciez toujours autant sa virilité, sa féminité, et proposez-lui de soulager sa tension en lui permettant de se masturber en votre présence ou, suprême générosité, en le (la) massant et le (la) masturbant vous-même.

Le premier pas

Il s'agit du pas que fait vers l'autre celui ou celle qui désire. Dans l'état amoureux et au-delà pour ceux qui restent fort amoureux, les deux partenaires sont toujours en désir l'un pour l'autre et si l'un tend la main vers l'autre, l'autre tend la main simultanément vers le premier, et toujours les mains se rencontrent dans la même ferveur.

Au temps du patriarcat (dont nous sommes tout juste en train de sortir), c'était à l'homme de faire les premiers pas, c'est-à-dire de prendre l'initiative de l'acte sexuel. C'était son privilège de dominant, de maître ; de plus, la femme était interdite de désir et de plaisir, elle devait être passive et simplement faire son devoir conjugal, qui était souvent un viol conjugal. Elle pouvait éventuellement jouer l'évitement en prétextant une douleur, une migraine.

Ces temps sont révolus, chacun est égal vis-à-vis de la sexualité, la femme a autant de besoins et de plaisirs que l'homme, elle peut être active, prendre des initiatives, faire le premier pas. Si la plupart des hommes se réjouissent de ce changement, certains, toujours habités de mâle-peur, sont mal à l'aise devant une femme active. Une telle femme, se disent-ils, doit avoir un tempérament de feu et l'on sait combien l'homme ancien craint la richesse sexuelle de la femme : peur d'être épuisé, peur de ne pas savoir la satisfaire, peur d'être trompé, peur de désordres sociaux. Je vous renvoie à l'ouvrage *De la peur à l'amour*, Éditions J'ai Lu. La réconciliation entre la femme et l'homme passe aussi par une nouvelle sexualité.

En ce qui concerne les premiers pas, veillez à ce qu'ils soient alternés. Si vous faites toujours les premiers pas, vous donnez à l'autre le pouvoir absolu de dire oui ou non ; il peut s'en servir comme moyen de chantage pour obtenir quelque chose ou comme moyen de vengeance pour vous punir de quelque chose, et vous risquez qu'on vous reproche de « ne penser qu'à ça ».

Si vous ne faites jamais les premiers pas, vous serez taxé(e) de « frigidité », que vous soyez femme ou homme, ou bien, votre partenaire se croira pas aimé(e) ou pas désirable.

Tout cela n'est pas bon pour l'harmonie du couple.

Conclusion

Un supplément d'âme

Le couple – la vie à deux – serait plus profondément heureux et bien plus solide si l'esprit – ou si vous préférez, l'âme – y participait. Autrement dit, s'il avait une composante spirituelle. La spiritualité, c'est ce qui donne un sens et un but à la vie. Ce sens peut être donné en référence à une transcendance – une valeur, un « principe », une divinité – qui dépasse notre ego. Le but peut être d'obtenir un état de conscience supérieur en pratiquant un « chemin », une « voie » d'évolution.

Il est une autre définition plus précise de la spiritualité : c'est un idéalisme qui donne un axe et une cohérence à notre existence, indique notre mission, nous donne le sentiment d'appartenir à l'univers et le sentiment d'avoir notre juste part dans « l'ordre cosmique ». La spiritualité est un véritable besoin propre à l'humain, une fois satisfaits ses besoins biologiques de base, comme cela est rendu évident sur la pyramide des besoins de Maslow.

Toutefois, avant de parler du couple et de la transcendance, revoyons l'histoire passionnante du couple.

C'est notre histoire

Au début, il y eut l'accouplement : les humains ont fait ce que chacun faisait dans le monde vivant et sexué. Les cellules reproductrices étant portées par deux êtres séparés (sexe vient de *secare* = couper), il fallait que ces êtres se joignent pour que fusionnent les cellules. Le but était de perpétuer :

1) la vie, 2) l'espèce. Quand ces individus s'accouplaient, ils n'étaient jamais que des relais, le témoin étant la vie.

Puis, il y eut le couple chez les animaux comme chez les humains. Les animaux s'apparient et restent ensemble définitivement ou simplement le temps d'élever les petits (à deux, c'est plus efficace). Les humains, nous l'avons vu, formèrent le couple en plusieurs étapes : la pulsion sexuelle se fait désir, le désir se fait choix, le choix se fait amour au fur et à mesure que l'hominidé adopte la position debout et fait l'amour par-devant. Si les sentiments apparaissent, c'est encore la perpétuation de l'espèce qui gagne (voir *De la peur à l'amour*, Éditions J'ai Lu).

Enfin, il y eut le mariage, c'est-à-dire le couple permanent et officialisé par des tiers. D'abord, ce fut le mariage d'essence matriarcale. Ce que l'on sait du matriarcat ne vient pas directement – ou très peu – de cette époque préhistorique antérieure à l'écriture, mais de l'époque de transition entre matriarcat et patriarcat qui suivit et qui entretint pendant des millénaires les valeurs féminines. La femme était encore divine, aussi le mariage était encore un acte sacré. La plupart des civilisations et des traditions non machistes ont célébré et célèbrent encore des mariages sacrés.

Puis ce fut le mariage patriarcal. Sous le patriarcat, la femme est réduite à un statut inférieur et n'a plus rien de divin ; aussi, le mariage – avec obligation absolue de fidélité – est ici fait pour l'encadrer : répartir les femmes entre les hommes, s'assurer que le nom et les biens de l'homme iront à un enfant « légitime ». La Grèce et Rome – phallocraties de référence –, puis l'Europe ont pratiqué ce mariage à but social et machiste.

Couple et transcendance

Se transcender, c'est accomplir un mouvement psychique qui nous fait nous dépasser, nous élever pour nous situer sur un plan différent du plan habituel et où l'on contacte des

« Principes » supérieurs à notre propre nature. Vivre à deux, former un couple peut être le moyen d'accéder à ce niveau.

Les civilisations orientales sont ici les modèles incontournables. Pour le tantrisme, par exemple, la femme est la représentante de Shakti, l'éternel féminin, le pôle féminin de la divinité, l'homme le représentant de Shiva, l'immuable masculin, le pôle masculin de cette divinité. Dans son épouse, c'est la déesse que l'homme honore ; dans son époux, c'est le dieu que la femme vénère. Pour l'hindouisme, autre exemple, chaque être a en soi, une représentation du Soi ou Atman, qui est la « conscience ultime » et la source de l'amour métaphysique. Ce qu'on aime à travers sa femme, c'est La femme, la dimension féminine de la « Réalité » ; ce qu'on aime à travers son mari, c'est L'homme, la dimension masculine de cette « Réalité ». Ce qu'on aime à travers l'autre, c'est tous les autres par un courant d'amour universel (lire absolument *Pour une vie réussie, un amour réussi*, d'Arnaud Desjardins, Éditions La Table ronde).

La tradition juive propose aussi dans la Kabbale un couple divin de référence : Zaddik et Shekina. Quant à l'Islam, ses mystiques ont chanté avec une ferveur admirable le sacré de l'amour humain : « Amour divin, amour humain, il ne s'agit que d'un seul et même amour ; c'est dans le livre de l'amour humain qu'il faut apprendre la règle de l'amour divin. » (Rûzbehân) « Un être n'aime en réalité personne d'autre que son créateur… Dieu est celui qui dans chaque être aime se manifester aux regards de chaque amant. » « La contemplation de Dieu dans la femme est la plus intense et la plus parfaite ; et l'union la plus intense qui sert de support à cette contemplation est l'acte conjugal. » (Ibn Arabi)

Quid du christianisme ? L'Église, pendant mille ans ne s'est pas souciée du couple non plus que du mariage. L'idéal de vie c'était le célibat car il fallait se consacrer à sauver son âme en vue de la « parousie » (le retour du Christ sur Terre) qui ne saurait tarder. De plus, la chair était péché en ce sens qu'elle détourne l'âme de son but ; si vraiment la chair lancinait trop, on pouvait faire l'amour, mais sans plaisir et juste pour multiplier les chrétiens (« Il vaut mieux se marier que de brûler. » Saint Paul I corinthien, VII, 1 – 9). Et puis, Jésus était célibataire, n'est-ce pas ? De toute façon, les clercs étaient profondément misogynes, se référant sans cesse à cette Ève coupable du péché originel, jusqu'à organiser un concile pour savoir si les femmes avaient une âme ! Alors comment instituer un mariage sacré avec une diablesse ? En vérité, ce clergé oubliait que Jésus avait été le premier féministe ; ces hommes lisaient trop les phallocrates philosophes grecs. Alors les chrétiens vivaient en concubinage, y compris les évêques qui, du reste, avaient des enfants, ou bien ils passaient par le mariage laïc. Parfois, à l'issue de ces noces civiles, un prêtre venait donner un coup de goupillon, je veux dire une simple bénédiction, même pas une messe.

À partir du Xe siècle, l'Église commença à s'intéresser au couple et à réfléchir au mariage. Pourquoi ? Il y avait dans la société d'alors – entre le Xe et le XIIe siècle – un mouvement favorable à la femme dont le point culminant fut la création de l'amour courtois : la femme fut à nouveau divinisée. Il faut dire que, en ce temps-là, de grandes dames apparurent, entre autres Aliénor d'Aquitaine. Certains clercs parmi les plus grands, dont Bernard de Clairvaux, prirent des positions bienveillantes pour la femme : cette Caritas, cet amour sublime et universel, pourquoi ne pas l'appliquer à la femme ? Par ailleurs, la société civile, dans toute l'Europe, est en pleine déliquescence en ce qui concerne le couple : rapts, viols, violences, batailles entre clans, exigences des bâtards… C'est le chaos, les laïcs eux-mêmes souhaitent que l'Église s'en mêle et y remette de l'ordre, ce qu'elle fit en créant le 8e Sacrement : le mariage chrétien (voir *Sexualité, la voie sacrée*, Éditions Albin Michel).

C'est plutôt un mariage patriarcal : la femme certes est protégée (le mari n'a pas le droit de répudiation), mais elle est placée sous l'autorité absolue de l'homme. Quant à la sexualité, on n'en parle pas ; les théologiens y ont réfléchi pendant trois siècles sans trouver le moyen d'en faire une démarche sacrée. Alors, en quoi ce mariage d'essence patriarcale peut être considéré comme sacralisé ? 1) Les époux s'engagent devant Dieu. 2) Leur lien est la « Caritas » révélée par Jésus. 3) Il y a cette symbolisation donnée en exemple : de même que l'Église est l'épouse du Christ par Caritas interposée, l'époux et l'épouse sont unis par ce même amour. Mais il manque cruellement la sacralisation de la relation sexuelle.

Au total, il semble que les couples unis religieusement retiennent surtout la contrainte irréversible de l'engagement et moins la possibilité métaphysique de transformer leur personnalité et leur relation par la grâce d'être trois : elle, lui et Dieu.

Signalons un fait nouveau et positif : la sexualité est en train de prendre sa place dans l'Église, en particulier en France, grâce à l'association CLER et au père Denis Sonnet.

Le couple comme « chemin »

On appelle « chemin » ou « voie » une démarche psychique qui mène à un niveau supérieur de conscience. Une conscience plus lucide qui ne se laisse plus manipuler par l'inconscient, alias la part d'ombre, parce qu'elle sait prendre du recul par rapport à celles-ci, une conscience plus large aussi, parce que dépassant son ego, elle est plus ouverte aux autres, à la vie, à l'univers, plus élevée enfin, parce que surmontant sa petitesse et la matière, elle a accès à des intuitions et à des révélations lui faisant contacter d'autres « réalités », des « surréalités ».

La voie peut être celle d'un humanisme laïque, ne visant que l'amélioration du psychisme, ce que décrit Mircea Eliades : « Une fois né, l'homme n'est pas encore achevé ; il doit naître une deuxième fois, spirituellement ; il devient un homme complet en passant d'un état imparfait, embryonnaire à l'état parfait d'adulte… L'humain arrive à la plénitude par une série d'initiations successives. » C'est dans cet esprit que j'ai proposé que le couple soit considéré comme un chemin initiatique.

La voie peut aussi être inscrite dans une tradition « religieuse ». C'est en particulier le cas de l'hindouisme. Le couple comme chemin est particulièrement bien décrit dans le livre d'Armand Desjardins. Je serais plus réservé quant au bouddhisme qui fait passer le chemin personnel avant le couple, comme j'ai pu maintes fois le constater et comme le montre magistralement le film *Samsara*.

Que ce soit dans un cadre profane ou dans un cadre religieux, concevoir le couple comme un chemin de progrès c'est-à-dire de connaissance de soi et de dépassement de son ego, ouvre à l'amour et donne un sens à la vie à deux. Alors le bonheur est plus assuré et plus profond.

Annexes

Questions posées par des élèves de terminales : 17 et 18 ans

Aimer

1. Qu'est-ce qu'aimer ?

- Comment les sentiments amoureux se créent-ils ?
- Comment définit-on l'amour ? Il y a je t'aime et je t'aime.
- C'est quoi exactement être amoureux(se) ?
- Qu'est-ce que réellement un sentiment amoureux ?
- Qu'est-ce qu'être amoureux ?
- Le sentiment amoureux est-il le plus fort de tous ?
- Pourquoi sommes-nous amoureux ?
- Aimons-nous l'être ou l'image que cet être nous renvoie de nous-même ?
- Comment sait-on que l'on aime vraiment la personne ?
- Comment peut-on être sûr que l'on est amoureux ?
- Comment sait-on que nous sommes avec la bonne personne ?
- Comment prouver à quelqu'un qu'on l'aime ?
- Quand pouvons-nous savoir que notre relation est sérieuse ? Sur quels critères se baser ?
- Est-il possible de se tromper soi-même sur ses sentiments ?

- L'amour rend-il vraiment aveugle ?
- Pourquoi l'amour nous aveugle-t-il ?
- L'amour est-il significatif de bonheur ?
- Pourquoi certaines personnes sont-elles dans leur monde lorsqu'elles sont amoureuses ?
- Pourquoi est-il difficile de dévoiler ses sentiments ?
- Pourquoi avons-nous peur d'aimer et de le dire ? Faut-il avoir peur de l'amour ?
- La distance amplifie-t-elle l'amour ou au contraire l'éteint-elle petit à petit ?
- Peut-on supporter tout le temps son (sa) conjoint(e) ?
- L'amitié peut-elle se transformer en amour ? Cela ne briserait-il pas tout ?
- Les hommes aiment-ils de la même manière que les femmes (et vice versa) ?
- Pourquoi sommes-nous possessif envers les gens qu'on aime ?
- L'amour est-il vital pour l'homme ?
- Les conflits ne sont-ils pas parfois nécessaires au sein d'un couple, afin de se retrouver, de mieux s'épanouir ?
- Que pensez-vous du rapport dominant/dominé au sein du couple ?
- Comment expliquer la différence considérable existant entre l'amour au début d'une relation et celui que l'on partage en continu ?
- Si nous avons une et une seule âme sœur sur cette terre, nous pouvons supposer que très peu de gens la rencontreront parmi les milliards que nous sommes. On peut supposer alors que nous pouvons tomber amoureux de plusieurs personnes (ce qui arrive fréquemment dans sa vie). Donc c'est une aberration de vouloir partager sa vie avec une personne ? Le mariage, le couple ne cache peut-être que des peurs de solitude ? L'amour n'est peut-être qu'une idée reçue ? Un cas de société ?

- Peut-on vivre vraiment heureux (être comblé toute sa vie) sans avoir connu le grand amour ? Existe-t-il vraiment ?

2. Différences

- Avons-nous plus de chances d'établir une relation vraiment profonde et enrichissante avec une personne d'un même milieu social ou culturel ? Ou avec une personne ayant un secteur de passion commun ?
- La différence n'est-elle pas une barrière à l'amour, lorsqu'elle se ressent beaucoup (culture, religion, mode de vie…)

3. Je t'aime, moi non plus

- Peut-on concevoir d'aimer pleinement une personne s'il s'agit d'un amour à sens unique ?
- Devons-nous nous limiter sentimentalement quand la personne aimée ne vous aime pas ?
- L'amour doit-il forcément être à double sens ?
- Comment savoir si l'amour que l'on porte à une personne est réciproque ?

4. La raison

- Est-il bon de sacrifier l'amour pour avancer dans la vie ?
- Faut-il suivre la raison en amour ?
- Est-il raisonnable de faire des projets avec la personne que l'on aime, sur trois, quatre ans, quand on est à peine majeur ?
- Sommes-nous trop jeunes pour une relation de longue durée ? N'est-ce pas gâcher sa jeunesse que de se poser des questions de couple à 17 ans (communication dans le couple) ?
- Est-ce grandir trop vitre que d'être en couple depuis longtemps ?

5. Souffrances

- Pourquoi a-t-on l'impression que le monde s'écroule lorsque son partenaire rompt ?
- Pourquoi l'amour fait souffrir ?
- Pouvons-nous mourir d'un échec amoureux ?
- Quand l'amour s'en va, comment se reconstruire ?
- L'échec amoureux nous transforme-t-il ?
- Le sexe peut-il guérir les maux de l'amour ?
- La fuite est-elle le meilleur remède au mal d'amour ?
- La réconciliation basée sur le sexe est-elle une bonne solution ?
- Le sexe est-il forcément le remède à tous les conflits conjugaux ?
- Peut-on aimer une personne pendant un an et ne plus l'aimer le lendemain ?
- Peut-on reconstruire une relation qui auparavant n'avait pas bien marché, où il n'y avait pas eu de bonnes bases ?
- Pourquoi certaines personnes recherchent-elles la souffrance dans leurs relations amoureuses ?
- L'échec sentimental de nos parents peut-il nous amener à reproduire le même schéma ou nous pousse-t-il, au contraire, à éviter de faire les mêmes erreurs ?

6. Fidélité/Infidélité

- Est-il possible de rester fidèle toute sa vie ?
- Peut-on rester fidèle à la personne avec laquelle on a eu notre premier rapport ?
- Où commence l'infidélité ? Comment se définit-elle ?
- Éprouver du désir pour une autre personne est-ce de l'infidélité ?
- Une expérience purement sexuelle est-elle considérée comme infidèle ?
- Une érection autre que par sa compagne est-elle prise pour une infidélité ?

- Comment peut-on expliquer l'infidélité ?
- L'infidélité peut-elle se justifier ?
- Pourquoi certaines personnes sont infidèles ?
- Pourquoi l'infidélité existe au sein d'un couple ?
- Pourquoi l'homme est-il infidèle ?
- Pourquoi sommes-nous tentés, même lorsque nous sommes éperdument amoureux ?
- Pourquoi avons-nous cette envie de plaire aux autres, alors que nous sommes déjà amoureux ?
- Comment est-ce possible d'avoir envie de rapport sexuel avec d'autres personnes, alors que nous sommes déjà amoureux d'une personne ?
- Peut-on être infidèle à une personne que l'on aime ?
- L'infidélité est-elle une fatalité à plus ou moins long terme dans un couple ?
- L'infidélité est-elle due à une attirance profonde envers une autre personne ou simplement la cause d'une envie de changement dans nos habitudes ?
- Est-ce que l'infidélité est due à une lassitude de sa (son) partenaire ?
- Lorsque l'on commet une infidélité, est-ce forcément parce que l'on n'aime plus la personne ?
- Le désir d'une autre personne est-il malsain, dangereux ou inquiétant ?
- Si un homme ne désire plus sa femme, la trompe-t-il forcément ?
- Est-ce que tromper sa femme est forcément la cause d'un manque d'amour ?
- Peut-on aimer deux personnes en même temps ?
- Peut-on aimer réellement plusieurs personnes à la fois ?
- La polygamie est-elle compatible avec l'amour ?
- Pourquoi la polygamie est-elle taboue en France et non dans les pays musulmans ?
- Comment gérer l'infidélité ?

- Est-ce que l'infidélité peut avoir des côtés positifs dans une relation ou simplement des effets négatifs ?
- Peut-on pardonner tous les actes d'infidélité ?

7. Jalousie

- Qu'est-ce que la jalousie ?
- La jalousie est-elle une preuve d'amour ou de possessivité ?
- Doit-on faire obligatoirement confiance à notre petit ami pour être heureuse dans une relation, si on est jalouse ?
- Est-ce que l'absence de jalousie signifie toujours absence d'amour ?
- L'amour est-il en danger lorsqu'il y a de la jalousie ?
- Pourquoi sommes-nous jaloux ?
- Peut-on être heureux si on est jaloux ?
- La jalousie est-elle toxique pour l'amour ?
- La jalousie stimule-t-elle le désir ?

8. Éternité

- Est-il possible d'aimer la même personne durant toute sa vie ?
- Peut-on aimer une seule et même personne toute sa vie ?
- L'amour peut-il être éternel entre deux êtres ?
- L'amour peut-il être infini ?
- Est-il possible d'aimer pour toujours ?
- Est-il possible, dans notre société, que deux personnes restent amoureuses toute leur vie, ou une majeure partie ?
- Comment peut-on savoir que la relation durera toute notre vie ?
- Y a-t-il une durée limite à l'amour ?
- Si le grand amour existe, peut-il être aussi fort tout au long de sa vie ? N'est-il pas éphémère ?

- Est-il possible de passer une vie heureuse avec notre premier amour (sans connaître personne d'autre) ?
- Est-ce possible de vivre toute sa vie avec son amour de jeunesse ?
- Pourquoi n'oublie-t-on jamais son premier amour ?
- N'aimons-nous réellement que notre premier amour ?
- Peut-on aimer plusieurs fois ?
- Peut-on aimer qu'une seule personne ?
- N'aime-t-on qu'une seule personne ? Quand l'amour s'en va, ne reste-t-il que le sexe ?
- Existe-t-il réellement un seul grand amour au cours de notre vie ?
- Faut-il donc baser une relation sur d'autres éléments que les sentiments pour s'engager sur une longue durée ? Sur quels éléments doit-on se baser alors, de façon raisonnable ?
- Pour qu'un sentiment d'amour (donc satisfaction mutuelle d'une pulsion) soit durable entre deux personnes, faut-il nécessairement s'épanouir, se construire et se développer continuellement entre autres par le biais de la réalisation fantasmatique d'un acte charnel en constante évolution ?
- Est-ce un manque d'amour de ne pas se voir dans le futur avec celui ou celle qu'on aime ou plutôt une marque de peur ?

Table des matières

Du même auteur, aux éditions Leduc.s

L'art de bien faire l'amour

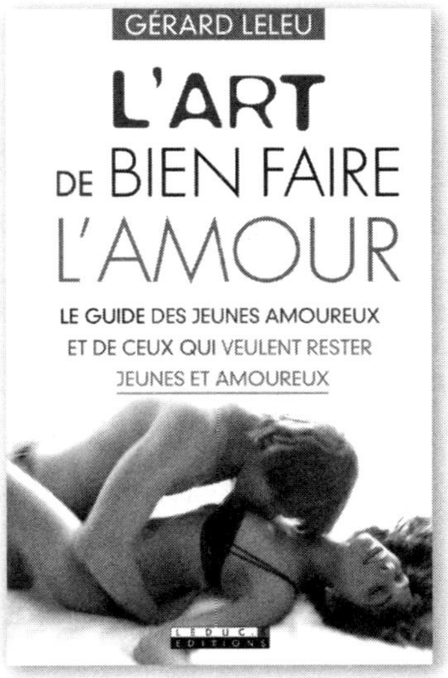

Partant de questions de lycéens sur la sexualité ou de questions d'auditeurs lors d'émissions à la radio, le docteur Gérard Leleu dresse un véritable guide érotique à l'usage des jeunes et des moins jeunes…

Il vous emmène à la découverte du corps de votre partenaire pour vous apprendre à le toucher, le caresser, lui donner du plaisir et l'aimer.

Mais c'est aussi un voyage à la rencontre de votre propre sensualité, pour mieux comprendre vos envies, vos besoins, pour mieux appréhender votre corps et ainsi mieux l'offrir.

Sans tabou et sans vulgarité aucune, Gérard Leleu révèle la beauté, l'amour, l'art des caresses exquises et vous donne les clés pour avoir du plaisir et en donner. Un voyage à deux au cœur des sens.

Prix : 18,50 euros
Format : 14 × 21,5 cm
Pages : 368
ISBN : 978-2-84899-381-2

Comment le rendre fou de vous

Les caresses magiques que chaque femme devrait connaître

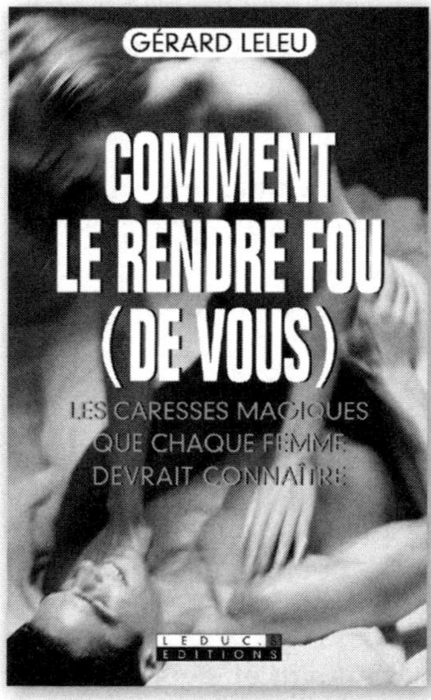

Vous rêvez d'être la meilleure amante qu'il ait jamais connue ? De découvrir les caresses qu'il préfère, les baisers qui lui font perdre la tête et les positions érotiques qui le rendent fou ? Bref, vous voulez combler l'homme que vous aimez ? Plus facile à dire qu'à faire.

Bien souvent, les hommes restent secrets : ils ne s'autorisent pas à exprimer leurs émotions ni à demander ce qu'ils attendent vraiment. Gérard Leleu lève pour vous le voile qui masque les mystères de l'homme. Il vous révèle toutes les caresses magiques qu'une femme doit connaître pour envoyer son homme au 7e ciel… et le garder toujours !

Prix : 6 euros
Format : 11 × 17,8 cm
Pages : 224
ISBN : 978-2-84899-145-0

Comment la rendre folle de vous

La femme érotique

Vous voulez être le meilleur amant qu'elle ait jamais connu ? Découvrir les caresses qu'elle préfère, trouver son point G et connaître les positions érotiques qui la rendent folle ? Bref, vous voulez combler la femme que vous aimez ? Plus facile à dire qu'à faire ! Points G, A, C, P, orgasmes clitoridiens et vaginaux, la sexualité féminine est si mystérieuse…

Gérard Leleu s'adresse aux hommes qui veulent (enfin !) connaître le mode d'emploi érotique de la femme. Il révèle toutes les caresses magiques qu'un homme doit maîtriser pour envoyer une femme (et toutes les femmes !) au 7e ciel !

Prix : 6 euros
Format : 11 × 17,8 cm
Pages : 224
ISBN : 978-2-84899-207-5

L'art de la fellation / L'art du cunnilingus

Un tête-bêche à lire chacun son tour… ou à deux !

Lorsque Gérard Leleu parle de fellation et de cunnilingus, ce n'est jamais vulgaire, bien au contraire ! Loin de la trivialité des films porno, il révèle la beauté, l'amour et le sens de ces caresses exquises.

L'art de la fellation : anatomie, positions… des « préliminaires » à l'éjaculation, les meilleurs conseils pour donner du plaisir à un homme !

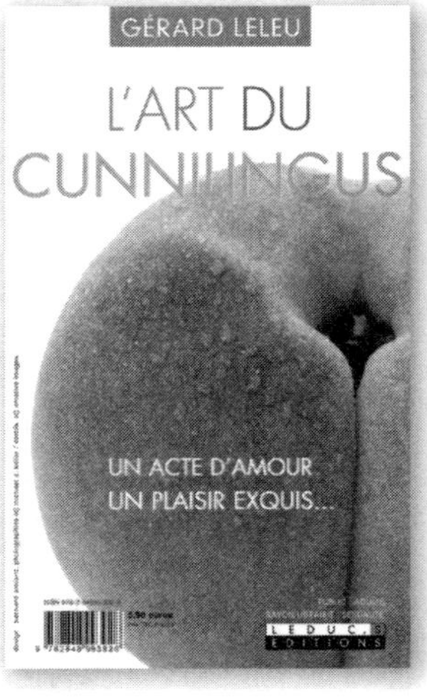

L'art du cunnilingus : anatomie, caresses… les meilleurs conseils pour amener une femme à l'orgasme !

Prix : 6 euros
Format : 11 × 17,8 cm
Pages : 256
ISBN : 978-2-84899-392-8

Et sous la couette, besoin de bons conseils également ?

COMBLEZ VOS ENVIES LES PLUS COQUINES GRÂCE AUX SECRETS DU Dr LELEU !

Recevez immédiatement par mail les recommandations du Dr Leleu en vous rendant sur la page :

http://quotidienmalin.com/amour-toujours

ou en scannant ce code

Achevé d'imprimer sur les presses
de Novoprint
Dépôt légal : août 2014

Imprimé en Espagne